Christiane Tichy

Hans Lembke und Rudolf Schick

Christiane Tichy

Hans Lembke und Rudolf Schick

Zwei Saatzüchter im Wandel der Zeiten
(1919 – 1969)

Bibliografische Information der Deutschen Nationalbibliothek:
Die Deutsche Nationalbibliothek verzeichnet diese Publikation in der Deutschen Nationalbibliografie; detaillierte bibliografische Daten sind im Internet über dnb.dnb.de abrufbar.

©2015 Christiane Tichy
Umschlagfotos aus Privatarchiven
Herstellung und Verlag:
BoD – Books on Demand, Norderstedt

ISBN 978-3-7392-2167-0

Inhaltsverzeichnis

Entstehung dieses Buches, Fragestellung und Quellen	9
Erster Teil: 1919 bis 1945	**17**
Die Situation der Landwirtschaft, insbesondere der kommerziellen Saatzucht, in den 20er Jahren	17
Die Person Hans Lembke – der Ausgangspunkt	23
Der Saatzüchter	25
Der Mensch	28
Die Situation in Malchow 1919 bis 1933 – der Referenzrahmen von Hans Lembke in den 20er Jahren	29
Die vier Kinder von Hans und Luise Lembke	31
Die Rolle der Landwirtschaft im „Dritten Reich"	40
Die Saatzucht – ein Sonderfall	45
Umgang des Gutsbesitzers Hans Lembke mit Landarbeitern und Angestellten	49
Das Gut Neu-Buslar 1936 bis 1945	51
Biographie Rudolf Schicks bis 1936	51
Der Kauf des Gutes Neu-Buslar	60
Juden in der Landwirtschaft und die „Arisierung" landwirtschaftlichen Besitzes	62
Die Romanversion	67
Der Kaufvertrag vom 26. Mai 1936	70

Ostgebiete I: Pläne für den Warthegau	77
Ostgebiete II: Ringuvele und Ringuvenai I und II in Litauen	85
Kurze Geschichte Litauens	86
Der baltische Feldzug der deutschen Wehrmacht	90
Pacht und Bearbeitung der litauischen Zweigstelle	95
Fremdarbeiter als Arbeitskräfte auf dem Hof	105
Fazit: Situation und Charakter I	107
Zweiter Teil: 1945 bis 1969	**113**
Malchow bei Kriegsende: Zuflucht und Verlust	113
Enteignung durch die Bodenreform	115
Rudolf Schick als Beobachtungsobjekt des Ministeriums für Staatssicherheit	131
Das Ministerium für Staatssicherheit	133
Zum Quellenbestand	136
Zeitraum 1950 bis 1952: Die Kartoffelsabotage	141
Allgemeine Erkenntnisse über MfS-Akten der Jahre 1950/52	147
Zeitraum 1955 bis 1959: Der Fall Dr. Baltzer	149
Einsichten aus den Akten I: Wie die Stasimitarbeiter vorgehen	166
Einsichten aus den Akten II: Der Charakter von Rudolf Schick	174

Charakter und Weltsicht von Rudolf Schick aus anderen Quellen	182
Zeitraum 1965 bis 1967: Der Konkurrenzkampf	188
Fazit: Situation und Charakter II	199
Danksagung	203
Anhang: Gutachten zur Wertermittlung des Gutshofs Neu-Buslar	206
Benutzte Quellen und Literatur	**217**
Archive	217
Gedruckte Quellen	221
Darstellungen	222
Abkürzungsverzeichnis	227

Entstehung dieses Buches, Fragestellung und Quellen

Dieses Buch ist ein Zwitter, denn es ist private Familiengeschichte und zeithistorische Forschung zugleich. Seinen Ursprung hat es darin, dass ich mich über das makellose öffentliche und private Heroenbild gewundert habe, das mir über meinen Großvater Hans Lembke (1877-1966) vermittelt wurde.[1] Eine erste Möglichkeit, diesem Bild auf den Grund zu gehen, fand ich im Nachlass meiner Eltern. Durch die Lektüre ihrer Briefe und Selbstzeugnisse verwandelte sich meine vage Haltung in eine Recherche zu konkreten Fragen, die das Leben des Großvaters betrafen. Aus dem Plan einer „politischen Biographie" entwickelte sich im nächsten Schritt das Projekt einer Doppelbiographie, da das Schicksal meines Großvaters eng mit dem seines Schwiegersohns Rudolf Schick (1905-1969) verknüpft war.

Die Ergebnisse dieser Recherche gehen letztlich über private Familiengeschichte hinaus und könnten von überindividuellem Interesse sein. Denn in der detaillierten Auswertung von bisher unbekannten Quellen trägt diese Doppelbiographie von zwei Saatzüchtern im „Dritten Reich" und in der DDR auch zwei Puzzleteile dazu bei, wie (1) von 1933 bis 1945 der NS-Staat die Landwirte für seine Zwecke eingespannt hat und wie und aus welchen Gründen (2) in den 50er Jahren und (in diesem

---

[1] Zur Entwicklung des Projekts innerhalb der Familie siehe unten die Danksagung.

Einzelfall[2]) bis Mitte der 60er Jahre das Ministerium für Staatssicherheit das eigene agrarwissenschaftliche Führungspersonal intensiv beobachten ließ.

„Der Landwirt Prof. Dr. Lembke im Regime der DDR" – so stand es also auf meinem Forschungsantrag an die BStU, die „Behörde für die Unterlagen des Ministeriums für Staatssicherheit der ehemaligen DDR". Sinngemäß erweitern könnte man auf: „Der Landwirt Prof. Dr. h.c. Hans Lembke in den deutschen Diktaturen im 20. Jahrhundert", so ähnlich im analogen Antrag an das Bundesarchiv.

Zu Beginn des Projekts standen meine Fragen nach beruflichen Handlungen und Entscheidungen des Saatzüchters Hans Lembke unter zwei politisch sehr unterschiedlichen deutschen Regierungs- und Gesellschaftssystemen.

Das Besondere an seinem Lebenslauf ist nämlich, dass er offensichtlich ohne moralische Verfehlungen einerseits und trotzdem ohne Konflikte mit der Staatsmacht andererseits sein Leben in der deutschen Geschichte des 20. Jahrhunderts geführt hat und letztendlich als hoch geehrter, erfolgreicher, menschlich integrer und beruflich genialer Saatzüchter in Erinnerung ist, bei allen Menschen, die ihn kannten. Dieses Heldenbild war der Ausgangspunkt für meine Recherchen, der Grund, warum ich mich letztlich doch auf die Suche gemacht habe, obwohl ich weder Sinn für noch Kenntnisse über Landwirtschaft oder Saatzucht habe, also von der Sache, um die es Hans Lembke sein Leben lang ging, keine Ahnung habe. Meine Verbindung war rein persönlich: Ich bin die jüngste Enkelin dieses Saatzüchters, meine

---

[2] Generell erfolgte die Überwachung natürlich bis 1989.

Mutter war seine zweite Tochter Gertrud Schröder-Lembke. Meine Qualifikation für dieses Projekt liegt darin, dass ich als Historikerin mit Quellen Erfahrung habe, seien sie auch ganz anderer Natur, und mich deshalb in die Materie „Saatzucht" – begrenzt – einarbeiten konnte.

Zu einem Landwirt gehört das Land: das Gut Malchow auf der Insel Poel, einige Kilometer nördlich von Wismar in Mecklenburg in der Ostsee gelegen. Es geht aber nicht um eine Geschichte des Hofes Malchow, die gibt es schon, es geht auch nicht um eine umfassende Familiengeschichte Lembke-Schröder oder Lembke-Schick. Ich interessierte mich einzig für das Heroenbild, nämlich dafür, wie mein Großvater durch die Zeitläufte so heil hindurchgekommen ist.

Der Verdacht zu Beginn war natürlich: Da gibt es Brüche, die wir nicht kennen, Widersprüche im Leben und Handeln, die bisher unbekannt geblieben sind. Da wurden vielleicht Entscheidungen gefällt, die fragwürdig sind (von heute aus gesehen), die erzwungen wurden und die nur auf die damaligen Umstände zurückzuführen sind. An bisher ganz unbekannte Abgründe glaubte ich allerdings nicht. Kurz: Ich wollte ihn auf die Ebene der normalen Menschen holen.

Wie oben angedeutet, benutzte ich zunächst die privaten Quellen, die mir zur Verfügung standen, also zahlreiche Briefe und mehrere autobiographische Aufzeichnungen meiner Eltern aus den Jahren 1926 bis 1966, die mit ihrem Nachlass in meinem Haushalt gelandet waren. Die Lektüre dieser Papiere führte für die Zeit des „Dritten Reiches" tatsächlich zu einer gewissen Irritation. Dort gab es plötzlich Hinweise auf Handlungsweisen von Hans Lembke, die auf den ersten Blick aus heutiger Sicht fragwürdig erscheinen mögen, weil sie nur unter den Lebensbedingungen im Nationalsozialismus und in der Situation des Zweiten Weltkrieges möglich waren. Konkret sind es drei Komplexe von Handlungen, die Fragen aufwarfen und die ich genauer untersucht habe.

Erstens: Auf welche Weise kaufte Hans Lembke 1936 von einem jüdischen Besitzer den Hof in Neu-Buslar, auf dem seine älteste Tochter Hanna und sein Schwiegersohn Rudolf Schick mit ihren letztlich sechs Kindern dann bis 1945 arbeiteten und lebten? War es eine „Arisierung" oder ein normales Geschäft, wie es immer stattfinden kann?

Zweitens: Warum interessierte er sich 1940 für die Pacht oder den Kauf eines Hofes in Polen – genauer: im 1939 von deutschem Militär eroberten „Wartheland"?

Drittens: Wie kam Hans Lembke 1942/43 dazu im deutsch besetzten Litauen einen Hof und 750 ha Ackerland zu pachten und bearbeiten zu lassen?

Diese drei Fragen bilden den Kern des ersten Teils des Buches, der hauptsächlich die Zeit des „Dritten Reiches" behandelt.

Als offizielle Quellen standen mir das Firmenarchiv der Norddeutschen Pflanzenzucht Hans-Georg Lembke KG und Dokumente im Bundesarchiv zur Verfügung.

Für seine Lebenszeit in der Sowjetischen Besatzungszone und der DDR (1945 bis 1966) hat sich das Projekt in eine andere Richtung verschoben, und das hat ebenfalls mit den Quellen zu tun. Denn aus der Stasi-Unterlagenbehörde und aus dem Bundesarchiv bekam ich mit meiner Anfrage nach Hans Lembke fast ausschließlich Quellen über Rudolf Schick, Schwiegersohn und lange Zeit enger Mitarbeiter von Hans Lembke. Der Bericht über das Leben in der DDR ist dadurch in erster Linie seine Geschichte geworden. Im Bundesarchiv liegt außerdem seit dem Jahre 2008 Schicks Nachlass – umfangreich mit 117 Archiveinheiten, die drei laufende Regalmeter einnehmen. Da ich diesen Onkel und die Kartoffelzucht nicht kannte, wusste ich zunächst nicht viel mit den Akten anzufangen – fremdes Gelände war es. Jedoch erwies sich, dass ich im Laufe der Lektüre über ihn und seine herausragende Stellung in der Saatzucht Zugang zu einem wichtigen Teil des Lebens in der DDR bekommen habe. Meine Fragen beziehen sich auf die Arbeitsweise der MfS-Mitarbeiter in dieser frühen Zeit. Was interessierte sie und welche Quellen benutzten sie ihrerseits? Und als Ergebnis: Geben die Berichte und IM-Treffprotokolle „die Wahrheit" wieder, auf welchem Gebiet auch immer man sie sucht? Wird die Persönlichkeit von Rudolf Schick nuanciert deutlich oder werden nur Klischees reproduziert?

Als eine Art Scharnier zwischen beiden Teilen kann man die Geschichte der Enteignung bzw. Bodenreform verstehen. Das Landgut Malchow als Saatzuchtbetrieb wurde im Oktober 1945 enteignet, der Besitzer Hans Lembke jedoch als Saatzuchtleiter und Geschäftsführer wieder eingesetzt. Damit hat Malchow eine Sonderstellung in der Geschichte der Bodenreform. Die Frage ist: Warum? Gab es besondere Umstände oder griffen einzelne Personen ein, so dass man eine Erklärung für diese sozusagen privilegierte Enteignung finden kann?

Es wird in diesem Buch also um zwei Saatzüchter in zwei Generationen gehen. Hans Lembke war zum Zeitpunkt der „Machtergreifung" 1933 56 Jahre alt, selbstständiger Landwirt und Saatzüchter, der bereits die Anerkennung eines Ehrendoktors bekommen hatte, jedoch sich in schwierigen Zeitläuften behaupten musste. 1945 stand er mit 68 Jahren am Beginn des Rentenalters. Rudolf Schick war 1933 28 Jahre alt und konnte mit einer weiterhin bruchlosen wissenschaftlichen Karriere rechnen. Naturgemäß spielt deshalb Hans Lembke die Hauptrolle im ersten Teil; während Rudolf Schick von 1945 an im Fokus der Aufmerksamkeit steht. Er war dann 40 Jahre alt und hatte einen erheblichen Teil seines Berufslebens noch vor sich.

Jeder Mensch, der versucht, das Leben eines Anderen darzustellen, muss sich mit einer Frage auseinandersetzen, die zwangsläufig auftaucht: Was ist wichtiger: der Charakter des Einzelnen oder die Situation, in die ihn das Schicksal gestellt hat? In den Worten des Sozialpsychologen Harald Welzer, der zugunsten der Situation Stellung nimmt:

> Mithin scheint die Situation viel entscheidender für das, was Menschen tun, als die Persönlichkeitseigenschaften, die sie in diese Situation hineinbringen.[3]

Diese Behauptung ist die Gegenthese zu der häufigeren, populären Sichtweise, dass es Menschen mit schlechtem Charakter, mit sadistischen Trieben, mit einer Seele voller

---

[3] Sönke Neitzel/Harald Welzer, Soldaten. Protokolle vom Kämpfen, Töten und Sterben. Frankfurt am Main, 2011, Prolog S. 44.

Ressentiments und Aggressionen waren, die Anhänger des Nationalsozialismus wurden und seine Verbrechen begangen haben. Ähnliche Sichtweisen sehen auch in den Protagonisten der DDR-Diktatur aggressive und verdorbene Charaktere.

Die Lebensläufe der beiden Protagonisten geben Gelegenheit, die These zu überprüfen. Denn alle bisherigen Aussagen über das Leben von Hans Lembke sind stets von der Individuums-These ausgegangen. Immer wurde seine außergewöhnliche Persönlichkeit ins Zentrum gestellt. Die Situationen, in denen er handelte, traten demgegenüber stark zurück, seine Entscheidungen wurden isoliert und nur in der abstrakten Doppelperspektive der Person als Saatzüchter und als Mensch betrachtet. Das Gleiche gilt für Rudolf Schick, wenn auch in abgeschwächtem Maße. Es ist symptomatisch, wenn seine Biographie, die von Fachkollegen geschrieben wurde, als „Biographisches Porträt" bezeichnet wird: Der Charakter steht im Zentrum.

Zur Untersuchung der drei oben skizzierten Fragen des ersten Teils soll umgekehrt vorgegangen werden. Die Situation soll großen Raum einnehmen, wie nämlich die agrarische und bäuerliche Welt eines norddeutschen Saatzüchters zur Zeit der Weimarer Republik und des „Dritten Reiches" aussah. Dadurch entsteht ein Raum für die Person, die ich nach meinen Quellen in diese Welt hineinsetzen und ihre Entscheidungen und Handlungen in sie einbetten und in ihrem damaligen Sinn erschließen kann. Im zweiten Teil, der die Landwirtschaft in der DDR zum Rahmen hat, soll der historische Kontext der Stasiakten ein Bild von der konkreten Situation der IMs und der

Objekte ihrer Beobachtung zeichnen. Weder für die 20/40er noch für die 50/60er Jahre ist dabei Vollständigkeit angestrebt.

Für ein Verstehen (was nicht Akzeptieren oder Zustimmen bedeutet) wird es notwendig, sich in den Horizont der Jahre zwischen 1905 und 1945 bzw. 1949 und 1969 zurückzuversetzen. „Horizont" meint den unreflektierten, unbewussten, als quasi natürlich und selbstverständlich empfundenen Orientierungsrahmen der „Lebenswelt" der damals Lebenden, den Referenzrahmen. Das umfasst die Bewertung von Ereignissen oder Verhaltensweisen als „gut" oder „böse", das Empfinden, wo der eigene gesellschaftliche Ort im metaphorischen Sinne sich befindet und wo man Freunde und Feinde vermuten kann. Das sind stets überindividuelle Überzeugungen - was den Zeitgenossen als „wahr" und als „falsch" galt, z.B. welche Kategorien die Gesellschaft strukturierten oder vor welche Probleme sie sich gestellt sieht.[4]

Zeitlich und geographisch genauer müssen wir uns nun mit der Welt eines Landwirts in der ersten Hälfte des 20. Jahrhunderts beschäftigen, im Industriland Deutsches Reich.

---

[4] Der Sozialpsychologe Harald Welzer hat diesen „Horizont" als „Referenzrahmen" bezeichnet und die Interpretationstätigkeit des Historikers als „Referenzrahmenanalyse", siehe S. Neitzel/H. Welzer: Soldaten. S 16-82.

Erster Teil: 1919 bis 1945

Die Situation der Landwirtschaft, insbesondere der kommerziellen Saatzucht, in den 20er Jahren

Die Folgen des verlorenen Ersten Weltkrieges ab Herbst 1918 waren für die gesamte deutsche Bevölkerung dramatisch, umso mehr, als sie überraschend und entwürdigend kamen, also nicht als Konsequenz aus dem verlorenen Krieg akzeptiert wurden. Im Versailler Vertrag wurden große deutsche Gebiete, vor allem in Ostpreußen, zugunsten eines neuen Staates „Polen" abgetrennt. Die Inflation vernichtete 1923 die Ersparnisse des Mittelstandes, die neue parlamentarische Verfassung kam von außen und stimmte nicht mit den bisherigen Vorstellungen von den Pflichten und Rechten von Bürgern und Staatsmännern überein. Die horrenden Reparationszahlungen wurden mit der für die Zeitgenossen unglaublichen Anschuldigung der Kriegsschuld begründet. Als eine ihrer Folgen besetzten Anfang des Jahres 1923 französische Truppen das Rheinland, in Thüringen gab es Aufstände der Kommunisten, in München versuchte eine Gruppe um Hitler einen Putsch, außerdem agitierten separatistische Bewegungen im Rheinland.

Die Landwirtschaft war damals ein bei weitem größerer und wichtigerer Wirtschaftssektor als heute. Obwohl man gemeinhin das Deutsche Reich dieser Jahre als Industriestaat ansieht, muss man sich doch klar machen, dass fast 30 % aller Arbeitskräfte (9,34 Millionen) auf dem Lande arbeiteten, wozu man noch

Millionen von Nebenerwerbsbauern zählen muss. Ein Drittel der Bevölkerung lebte außerdem in Orten mit weniger als 2000 Einwohnern.[5] Das wirtschaftliche Schicksal der Bauern war für jede Regierung ein zentraler Arbeitsbereich.

Bereits die Kriegswirtschaft und die Nachkriegsentwicklung hatten auf alle im Agrarsektor Arbeitenden katastrophale Auswirkungen gehabt.[6] Die britische Blockade der Seehäfen ab Herbst 1914 hatte zur Folge gehabt, dass Kunstdünger und Kraftfutter für das Vieh nicht mehr importiert werden konnten, große Mengen Vieh mussten abgeschlachtet werden, was als „Schweinemord" berühmt-berüchtigt wurde. Durch den fehlenden Dünger waren die Böden unfruchtbar geworden, die Erträge sanken erheblich. Der „Steckrübenwinter" und die Erfahrung des Hungers prägten sich der Zivilbevölkerung als Kriegserfahrung ähnlich tief ein wie das Fronterlebnis den Soldaten. Verursacht wurde der Nahrungsmangel durch Fehlplanung: Es gab keinen Ersatz des nicht importierten Futtergetreides durch einheimische Ölfrüchte und Futterrüben, auch der Anbau von Kartoffeln und Zuckerrüben wurde eingeschränkt. Dazu kam ein eklatanter Mangel an landwirtschaftlichen Arbeitskräften, die vornehmlich als Soldaten eingezogen waren.[7]

---

[5] Adam Tooze: Ökonomie der Zerstörung. Die Geschichte der Wirtschaft im Nationalsozialismus, München 2006. S. 202.
[6] Einen Gesamtüberblick gibt Ursula Büttner: Weimar. Die überforderte Republik. Stuttgart 2008, S. 213-221.
[7] Eine detaillierte Analyse mit statistischem Material bei Kutz, Martin: Kriegserfahrung und Kriegsvorbereitung. Die agrarwirtschaftliche Vorbereitung des Zweiten Weltkrieges in Deutschland vor dem Hintergrund der Weltkrieg I-Erfahrung, in: ZAA 32 (1984) Teil I, S. 59-82, hier S. 63-67.

Ab 1919 verschärfte sich der Nahrungsmangel durch den Verlust großer landwirtschaftlicher Gebiete im Osten Preußens. Die finanzielle Situation vieler Bauern wurde durch den Verdienstausfall im Krieg, niedrige Lebensmittelpreise, steigende Soziallasten und niedrige Produktivität existenzbedrohend. Die Einkommen entwickelten sich wesentlich langsamer als in anderen Wirtschaftsbereichen. Viele Höfe waren überschuldet, Zwangsversteigerungen häuften sich.[8] Und die Situation verschlechterte sich weiter. Den allgemeinen Krisenjahren bis 1924 folgten nur zwei „normale" Jahre, 1925 und 1926. Bereits 1927 wurden die ersten Auswirkungen der internationalen Agrarkrise spürbar. Dies war eine weltweite Überproduktionskrise mit rapidem Preisverfall und massiven Absatzproblemen für Agrarprodukte, die ab 1928 auch mit voller Wucht auf die Landwirte in Deutschland durchschlug.

Politisch gesehen waren vor 1914 traditionell Landwirte mit der Führungsschicht des Kaiserreichs verbunden gewesen, berühmt als „Klasse" der Ostpreußischen Junker. Sie erwarteten also vom Staat immer finanzielle Unterstützung und Subventionen, auch vom neuen Staat der demokratischen Republik. Diese erhielten sie auch: Die Regierung richtete 1926 die „Osthilfe" ein. Sie umfasste Preisstützungsaktionen, Umschuldungen, Verbilligung von Agrarexporten usw. Aber das alles löste die Probleme nicht. In der Folge kam es in der zweiten Hälfte der 20er Jahre zu zahlreichen Protestkundgebungen der Bauern, die mit

---

[8] Hans Beyer schildert den Kreislauf aus hohen Zinszahlungen, hohen Steuern, niedrigem Kapitalertrag zum Bankrott von zahlreichen Bauern, in: Agrarkrise und Ende der Weimarer Republik. In: ZAA 13 (1965), S. 65-92, hier S. 78-80.

Steuerboykotten begannen und bis hin zu gesetzeswidrigen Gewaltaktionen gingen. Die Skepsis der Landwirte gegenüber der Parlamentarischen Demokratie vergrößerte sich, man sprach geradezu von „Bauernunruhen". Es wurden agrarische Interessenparteien gegründet, die „Landvolkbewegung" organisierte die Proteste insbesondere in Schleswig-Holstein. Die Weltwirtschaftskrise ab Oktober 1929 verschärfte das Schuldenproblem der Landwirte noch weiter, ebenso die bewusste Deflationspolitik des Reichskanzlers Heinrich Brüning. Es scheint deshalb folgerichtig, dass die Landwirte schon von 1930 an zu einem Wählerreservoir der NSDAP wurden. Ihr Protest und ihre Existenzangst wurden benutzt und systematisch verstärkt.[9] Im Agrarland Mecklenburg-Schwerin erhielten die Nationalsozialisten bereits bei der Landtagswahl vom Juni 1932 eine absolute Mehrheit der Abgeordnetensitze im Landtag und bildeten die Regierung.

Wirtschaftsgeschichtlich betrachtet vollzog sich in den 20er Jahren in der Landwirtschaft der Übergang zur Industrialisierung der bäuerlichen Arbeit, es begann allmählich der Einsatz von Maschinen, die Elektrifizierung und Rationalisierung der Feld- und Erntearbeit. Eine gleiche Tendenz kann man für die Saatzucht feststellen. Die Neuzüchtung und Saatgutentwicklung wurde zunehmend von wissenschaftlich-technischen Spezial-

---

[9] Daniela Münkel zeichnet dies im Detail für den Landkreis Stade nach, in: D. Münkel: Nationalsozialistische Agrarpolitik und Bauernalltag, Frankfurt am Main, 1996, S. 68-85. Friedrich Grundmann beobachtet die bäuerliche Programmatik der NSDAP vor 1933, in: F. Grundmann: Agrarpolitik im Dritten Reich, Anspruch und Wirklichkeit des Reichserbhofgesetz. Hamburg 1979, S. 20-32.

instituten übernommen, die bisher führenden privaten Züchter wurden weniger wichtig. Diese Tendenz gehört in den welthistorischen Zusammenhang der Verwissenschaftlichung der Gesellschaft, die seit Mitte des 19. Jahrhunderts mit der Entwicklung der Naturwissenschaften einherging. In der Saatzucht begann die wissenschaftliche Züchtung von Nutzpflanzen. Mit den Erkenntnissen der Vererbungslehre Mendels, um 1900 wiederentdeckt, wollte man gezielter und sehr viel schneller zum gewünschten Zuchtresultat kommen. Aus der Verbesserung von Pflanzen ergab sich schnell die Zucht von Tieren, und in einer damals beliebten Analogie die Eugenik, die Verbesserung des menschlichen Erbgutes. Die Genetik wurde die Avantgarde der Biowissenschaften, der Schritt zur „Rassenbiologie" war nicht weit.

Für den privaten Saatzüchter, der seine Arbeit als Handwerk, vielleicht sogar als Kunst, gewiss aber als Geschäft verstand, brachte dieser wissenschaftliche Ansatz eine neue Konkurrenzsituation. Ein prägnantes Beispiel dafür ist das 1928 – nach langen Vorarbeiten – gegründete Kaiser-Wilhelm-Institut für Züchtungsforschung in Müncheberg[10], an dem Rudolf Schick von 1929 bis 1936 arbeitete. Sein Doktorvater, Erich Baur, war der führende wissenschaftliche Genetiker und Saatzuchtexperte und leitete das Institut bis zu seinem frühen Tod im Jahre 1933.[11]
Die privaten Saatzuchtbetriebe waren zudem ein wichtiges Glied in der landwirtschaftlichen Produktionskette und litten

---

[10] Heute immer noch in der Saatzucht tätig, als Leibniz-Zentrum für Agrarlandschaftsforschung (ZALF) e. V. Müncheberg.
[11] Näheres zur Biographie von Rudolf Schick siehe unten.

dementsprechend zusätzlich. Denn die überschuldeten Bauern konnten sich kein Qualitätssaatgut mehr leisten, also fielen für den Züchter große Teile der Abnehmerschaft aus.[12] Die Bauern wichen auf billigeres Saatgut aus, das sozusagen illegal von den Saatgutvermehrer-Betrieben angebaut wurde. Dies war möglich, da es kaum Sortenschutz und keine angemeldeten Patente für die je eigenen Züchtungen gab. So wurden dem privaten Züchter seine finanziellen Investitionen für die jahrelangen Züchtungen nicht entgolten. Vertreter der Saatgutindustrie, organisiert in der „Gesellschaft zur Förderung der privaten deutschen Pflanzenzüchtung e.V.", drangen beim Reichstag und bei der Reichsregierung auf ein Saatgutgesetz, das den Züchter schützen sollte. Bis 1933 kam dieses aber nicht zustande. Zusammenfassend bezeichnet der Historiker Wieland die Situation der gesamten Saatgutindustrie als „im Dauertief" seit dem Ersten Weltkrieg.[13]

---

[12] Prägnante Zusammenfassung der Situation bei Wieland: Wissenschaftliche Pflanzenzüchtung, S. 147-154.
[13] Wieland: Wissenschaftliche Pflanzenzüchtung, S. 152.

Die Person Hans Lembke – der Ausgangspunkt

Hans Lembke begann im Jahre 1905 mit seiner Heirat mit Luise Wesenberg die selbstständige Arbeit auf dem vom Vater übernommenen Hof Malchow auf Poel. Ihre vier Kinder Hanna, Gertrud („Trude"), Hans-Georg und Adolf wurden 1906, 1908, 1910 und 1916 geboren. Von der Tradition des Kaiserreichs wurde er geprägt und erlebte den Ersten Weltkrieg in der Heimat – für den Kriegsdienst war er 1914 mit 37 Jahren bereits zu alt. Danach kam die Weimarer Republik mit ihren fortdauernden Krisen – 1918 die Niederlage, die Revolution, der Kaiser, der ins Exil gehen musste, 1919 der Versailler Vertrag mit seinen Demütigungen, die Inflation bis Ende 1923. Es folgte eine heftige Agrarkrise (ab 1927/28), die bereits die Weltwirtschaftskrise (von Oktober 1929 an) ankündigte. Mit all' diesen Umbrüchen und neuen Herausforderungen musste er umgehen. Auch die Etablierung der NS-Herrschaft in den dreißiger Jahren brachte eine neue Lage für einen Landwirt. Die Kriegssituation ab 1939 änderte noch einmal seine Perspektive und die Katastrophe der Enteignung des eigenen Gutshofes und Saatzuchtbetriebes 1945 erforderte sowieso ein radikales Umdenken.

Trotz dieser vielen Brüche und Krisen kann man aber zwei Kontinuitäten, sozusagen Generalbasslinien, eine allgemeine und eine familienspezifische, verfolgen.

Denn auf die Ausgangsfrage nach den auf den ersten Blick so geglückten Lebensumständen von Hans Lembke war meine erste, spontane, leicht saloppe Antwort: Landwirtschaft braucht man immer. Dies formuliert der Historiker Josef Mooser wissenschaftlicher als Fazit der Untersuchung unterschiedlicher regionaler und historischer Zäsuren im 20. Jahrhundert für die Rolle der Landwirtschaft in Staat und Gesellschaft allgemein:

> (...) jene Erwartungen auf gesteigerte Produktionsleistungen haben alle politischen Systeme an die Bauern herangetragen, selbstverständlich mit unterschiedlichen Methoden und allgemeinen Zielsetzungen. Es entspricht dem genannten allgemeinen Funktionswandel der Agrarpolitik im 20. Jahrhundert, dass sich aus bäuerlicher Sicht die politischen Zäsuren wohl in eigentümlicher Weise relativieren, weil Monarchie, Weimarer und Bonner Republik[14], nationalsozialistische und kommunistische Diktatur mit jeweils ähnlichen Forderungen an sie herangetreten sind.[15]

Kurz gesagt: Man forderte und fordert weiterhin Wachstum. Die Bauern sollen mehr Weizen oder Raps ernten und mehr Schweine schlachtreif füttern – das ist gut für alles: für die Verbraucherpreise, für die Handelsbilanz, für die Devisen, die nicht für Agrarimporte ausgegeben werden müssen, nicht zuletzt für die Kriegführung. Immer jedenfalls diente die Landwirtschaft als Mittel zum Zweck der Beruhigung der Bevölkerung, gleichgültig

---

[14] Es ist wohl kein Zufall, dass der erste Bereich der Integration innerhalb der damaligen EWG – sieht man von der französisch-deutschen Montanunion ein paar Jahre früher ab – von 1957 an die Landwirtschaft der sechs teilnehmenden Staaten war, die gemeinsam geschützt werden sollte.

[15] Mooser, Josef: Kommentar (zu mehreren Darstellungen der Zäsuren in der Landwirtschaftsgeschichte), in: Frese, Matthias u. Prinz, Michael (Hrsg.): Politische Zäsuren und gesellschaftlicher Wandel im 20. Jahrhundert. Paderborn 1996, S. 389-398, hier: S. 395.

ob von einer demokratisch gewählten oder einer diktatorischen Regierung eingesetzt.

Produktionssteigerung war damit auch für Hans Lembke das Grundelement der Kontinuität, das man voraussetzen kann. Und dies sogar in einem ausdrücklichen Sinne: Das Saatgut, das er zu bieten hatte, war eine Grundlage jeder landwirtschaftlichen Produktionssteigerung. Jeder Staat hatte darum ein enormes Interesse daran und handelte dementsprechend.

Ein zweites persönliches Moment der Kontinuität war die Erhaltung des Hofes Malchow, der seit 1627[16] im Besitz der Familie war, für ihn selbst und für seine vier Kinder und deren Nachkommen. Hier lagen wohl ein zentraler Antrieb seines Handelns und sein primäres Ziel, dem letztlich alles andere untergeordnet wurde. Viele Entscheidungen seines Berufslebens sind von diesem Motiv her zu verstehen.

Der Saatzüchter

Seine beruflichen Fähigkeiten werden als geradezu genial bezeichnet, z.B. „der Nestor, zählt zu den Größten seines Fachs"[17]. Solche Darstellungen spiegeln das traditionelle Idealbild des Saatzüchters bis Ende des 19. Jahrhunderts als

---

[16] Dieses Datum bezieht sich auf die Bauernstelle, also das Land. Die familiären Vorfahren sind noch weiter bis zu einem „filius Lemeken" 1357 zurückzuverfolgen, siehe Gertrud Schröder-Lembke: Malchow auf Poel. Geschichte eines Hofes. Hohenlieth bei Eckernförde. Ein Neubeginn. Frankfurt am Main 1978, S 9.
[17] Z.B. Helmut Gäde, Beiträge zur Geschichte Pflanzenzüchtung und Saatgutwirtschaft in den fünf neuen Bundesländern. Berlin, Hamburg 1993, S. 41.

Künstler mit einer besonderen Begabung, den ein instinktives Wissen von den Möglichkeiten einer Pflanze leitet, das man nicht lehren kann.

> Ein prophetisch beanlagtes Auge, das Gefühl für den inneren Zusammenhang und das innerliche Werden... das kann niemand erwerben, (...) wo diese geniale Beanlagung fehlt, da werden auch (...) die Resultate entsprechen.

So drückte es einer der ersten wissenschaftlichen Pflanzenzüchter, Kurt von Rümker, im Jahre 1889 aus.[18]
Der Historiker Christoph Wieland vergleicht diesen „züchterischen Blick" mit dem Wissen, das in anderen beruflichen Zusammenhängen in ähnlicher Weise als „implizites Wissen" (tacit knowledge) bezeichnet wird.[19] Damit ist der Sachverhalt umschrieben, dass es vor der wissenschaftlichen Pflanzenzucht des 20. Jahrhunderts kein objektives, von allen Experten übereinstimmend benutztes und exakt definiertes Vokabularium und keine objektiven wissenschaftlichen Methoden gab. Die Begriffe blieben als Beschreibung zufällig, nicht wirklich intersubjektiv identisch, die Arbeitsweise war intuitiv, deshalb individuell. Von daher kommt eine Beschreibung der Pflanzen durch den Züchter, die sich im Ungefähren, Bildhaften, quasi Künstlerischem bewegt. Seine Erfolge sind nicht technisch

---

[18] Zitiert von Thomas Wieland: „Wir beherrschen den pflanzlichen Organismus besser,..." Wissenschaftliche Pflanzenzüchtung in Deutschland 1889-1945. München 2004, S. 11f.
[19] Wieland: Wissenschaftliche Pflanzenzüchtung, S. 112, FN 295.

beliebig reproduzierbar. Das galt schon deshalb, weil die Wetter- und Bodenbedingungen ja sehr unterschiedlich waren.[20]
Ähnlich, aber doch ausgesprochen nüchtern und spürbar aus der lebenslangen Erfahrung heraus begann Hans Lembke selbst im Jahre 1947, im Alter von 70 Jahren, seine erste Universitätsvorlesung an der Universität Rostock mit einer Beschreibung des Berufs des Pflanzenzüchters. Nötig sei ein Auge für den Wuchs und die Eigenschaften der Pflanze, Geduld, langfristiges Denken und die Fähigkeit Enttäuschungen zu ertragen. Und wie bei bildenden Künstlern könne es sein, dass die Ergebnisse der Arbeit erst nach dem Tode anerkannt würden.[21] Er schloss die Vorlesung mit einem Zitat von Herrmann von Helmholtz (1821-1894, als Physiologe und Physiker eine Art Universalgelehrter des 19. Jahrhunderts), mit dem dieser sein Lebensmotto umreißt:

> Nicht der behagliche Genuß einer sorgenfreien Existenz und des Verkehrs im Kreise von Angehörigen und Freunden gibt eine dauernde Befriedigung, sondern nur die Arbeit, und zwar die uneigennützige Arbeit für ein ideales Ziel.

Er fügte hinzu: Wenn ihm dies zu vermitteln gelinge, dann sei die Universitätslehre ein guter Abschluss seiner Arbeit.

---

[20] Diese Charakterisierungen stimmen auch mit der Tendenz überein, dass „große Männer Geschichte machen", eine Überzeugung, die in der Geschichtswissenschaft und -didaktik vor dem Aufkommen von soziologischen Fragestellungen sehr verbreitet war.
[21] BA N 2515/104: Vorlesungsmanuskripte, 1. Vorlesung, S. 18f.

Der Mensch

In dem letzten Zitat scheint eine zentrale Selbstcharakterisierung auf: Arbeit. Protestantisch geprägtes Arbeitsethos nennen Soziologen diese Haltung, in Anspielung auf Max Webers Religionssoziologie. In einem Nachruf heißt es: „...dass das Leben Hans Lembkes von einer seltenen Gradlinigkeit, Zielstrebigkeit und Treue erfüllt war."[22] Das bündelt die Bewunderung und Verehrung von vielen Mitlebenden, in ähnlichen Worten drücken es Hunderte von Beileidskarten und -briefen im Nachlass aus.[23] Erinnerungen von Studenten, die Lembke als Hochschullehrer erlebt haben, betonten die menschliche Gradlinigkeit und dass man Vertrauen haben konnte. So berichtet Horst Pätzold, dass er seinen Professor in einer ihn beschäftigenden Gewissensfrage – (in der DDR) bleiben oder gehen – um Rat fragte und dieser ihm riet zu bleiben – in der Hoffnung einer späteren Wiedervereinigung und um eine „Russifizierung Mitteldeutschlands" zu verhindern. Pflichterfüllung als Lebensmotto.[24]

Last, not least war Hans Lembke Geschäftsmann. In seinen Briefen, auch in den Zitaten in den Tagebüchern seiner Tochter Gertrud, erscheint Hans Lembke sehr stark als rechnender Kaufmann. Ein klares Bewusstsein, dass Saatzucht sich nur mit Gewinn lohnt, und der Betriebsleiter deshalb mindestens genauso präzise auf die Einkaufs- und Verkaufspreise, auf Kosten und Erlöse achten muss, wie auf seine Zuchtergebnisse, kommt dort

---

[22] Karl Grobbecken: In Memoriam Hans Lembke, in ZAA 15 (1967), S. 200f.
[23] BA N 2515, 103.
[24] Horst Pätzold: Nischen im Gras. Ein Leben in zwei Diktaturen. Hamburg 1997, S. 177f.

zum Vorschein. „Erfolg" heißt dann: Gewinn machen, weil das eigene Saatgut so hervorragend ist, dass der Betrieb rentabel ist und auch Investitionen in die Zukunft erlaubt.

Die Situation in Malchow 1919 bis 1933 – der Referenzrahmen von Hans Lembke in den 20er Jahren

Am 2. Oktober 1928 notierte Gertrud Lembke in ihrem Tagebuch:

> Wenn Vati nun wirklich die Saatzucht aufstecken würde! Ich kann es mir gar nicht vorstellen, es würde ihm und uns allen ja furchtbar schwer werden. Aber heut' abend war er furchtbar deprimiert (...) eventuell Gollwitz und Christinenfeld abstehen um die Schulden los zu werden. (...) Die letzten Jahre waren wohl einfach zu viel für sie (die Eltern, CT).[25]

Unsere beste Quelle zu der Situation Malchows und zu den Vorstellungen in der Familie Lembke in der zweiten Hälfte der zwanziger Jahre sind solche Tagebuchaufzeichnungen der zweiten Tochter Gertrud („Trude") Lembke (1908-2006), die am Ende des Jahres 1926 einsetzen und bis Anfang April 1932 reichen. Hier finden wir ein lebendiges Bild, was die 19-Jährige beschäftigte, sowohl, was die eigene und die Situation ihrer Familie betraf, als auch in ihren Überlegungen zu vielen damals aktuellen gesellschaftlichen und politischen Fragen. Ihre Be-

---

[25] G. Lembke, Tagebuch, 2.10.1928. Ähnliche Aussagen über Überlegungen, die Saatzucht aufzugeben, noch mehr als drei Jahre später am 4.4.1932.

obachtung der pessimistischen Stimmung in Malchow und die dort zitierten sorgenvollen Aussagen der Eltern färben viele Einträge mit einem Untergrund von Depression. Dies spiegelt die öffentliche niedergedrückte Stimmung aufgrund der Weltwirtschaftskrise gut wider.

Absatzschwierigkeiten gab es und hohe Zinszahlungen, deshalb neue Schulden, dazu kam das Unglück mehrerer Brände, die große Schäden (z.B. in Christinenfeld) anrichteten. Trotzdem wurde in neue Gebäude und in eine Erweiterung der Anbauflächen investiert.[26] Hans Lembke dachte offensichtlich langfristig und konnte sich von der aktuell katastrophal erscheinenden Lage distanzieren, sozusagen gegen den Strom schwimmen.[27]

Denn auch er musste Darlehen der Osthilfe in Anspruch nehmen, wie aus einer Akte im Landeshauptarchiv Schwerin hervorgeht. Im Herbst 1931 wurde vom Landwirtschaftlichen Treuhandverband Mecklenburg ein Entschuldungsplan aufgestellt.[28] Die Gesamtverbindlichkeiten beliefen sich auf 601.944,82 Reichsmark. Er erhielt ein Entschuldungsdarlehen von 220.300 Goldmark und einen Pächterkredit von 77.000 Goldmark. Die Akte enthält die jährlichen Betriebsjahresabschlüsse von 1933 bis 1943. Die Berichte der 30er Jahre weisen steigende Überschüsse auf, z.B. von 131.000 RM in den Jahren 1936/37, so dass es nicht

---

[26] G. Schröder-Lembke: Malchow auf Poel, S. 56f.
[27] Ähnlichen typischen Handlungsweisen begegnen wir auch in den folgenden Jahrzehnten; siehe die Ausführungen zum Charakter am Ende des ersten Teil, S. 57ff.
[28] Akte 10.26-2 Landwirtschaftlicher Treuhandverband Mecklenburg Nr. 401, in: Landeshauptarchiv Schwerin.

verwundert, wenn ein Vermerk vom 7. April 1943 feststellt: „Die Gesamtschulden sind trotz hoher Einkommenssteuerzahlungen nahezu beseitigt." Und am 7. Dezember 1943 heißt es: „Das Osthilfe-Entschuldungsdarlehen ist voll zurückbezahlt."
Diese Aktenvermerke verweisen schon auf den weiteren Verlauf der wirtschaftlichen Lage Malchows in den 30er Jahren: Sie war sehr viel besser als vorher.

Die vier Kinder von Hans und Luise Lembke

Die älteste Tochter Hanna (1906-1945) wurde in der Hauswirtschaft wie üblich ausgebildet, arbeitete dann auf dem Hof als Saatzuchtassistentin. Sie heiratete 1934 den Saatzüchter Dr. Rudolf Schick, der damals im Kaiser-Wilhelm-Institut für Pflanzenzüchtung in Müncheberg die Abteilung Kartoffelzüchtung leitete.

Die zwei Jahre jüngere Gertrud (1908-2006) hatte traditionell dieselbe Ausbildung nach der Mittleren Reife machen sollen. Dies begann sie auch brav, stellte aber fest, dass es sie langweilte, und setzte 1927 gegenüber den Eltern durch, dass sie in Rostock Abitur machen konnte. Sie studierte anschließend Geschichte, Englisch und Germanistik. Aus heutiger Sicht überraschend wechselte sie dreimal die Universität, ging nach dem Abitur im Frühjahr 1930 zunächst für zwei Semester nach Freiburg im Breisgau („soweit südlich wie möglich"[29]), danach studierte sie in Wien und Berlin und kam 1933 nach Rostock.[30] Die

---

[29] G. Schröder-Lembke: Aus Tagebüchern, Nachlass, S. 1.
[30] G. Schröder-Lembke: Wie ich zu meinem Arbeitsgebiet, der Agrargeschichte, kam, S. 1, Nachlass.

Sommerferien und Weihnachten, oft auch Ostern – die vorlesungsfreie Zeit – verbrachte sie in Malchow. Ihre Gefühle waren ambivalent, die „Geldmisere" und die „Reibereien" dort waren für sie schwer zu ertragen. „Es ist so niederdrückend, wenn man Mutti so müde und verzweifelt sieht" (Mitte Oktober 1927). „Täglich hört man von Konkursen und von Gutsverkäufen, Fährdorf, Strömkendorf haben schon den Besitzer gewechselt. Neuhof soll davor sein" (August 1930). Die wirtschaftlichen Probleme des Gutes Malchow begleiteten sie durch ihre gesamte Oberstufen- und Studienzeit.[31] Entsprechend intensiv war ihr schlechtes Gewissen. Immer wieder finden sich Selbstvorwürfe in ihrem Tagebuch, so im Mai 1927 und wieder erneut im Herbst 1927. Immer wieder (z.B. am 17.9.1932) dasselbe Geldproblem: Der Vater erwähnt gegenüber der Tochter, dass er für seine Kinder so viel Geld ausgeben müsse, „nur Hanna verdient".

Auf ihre intellektuelle Weise blieb sie ihr Leben lang als Historikerin dem väterlichen Hof verbunden, denn ihre Doktorarbeit zeichnete die Geschichte Malchows nach, sie wurde eine bekannte Agrarhistorikerin.

Der ältere Sohn Hans-Georg (1910-1965) sollte natürlich den Hof Malchow erben. Er verließ 1930 die Landwirtschaftsschule in Eldena (Stadtteil von Greifswald) und begann eine landwirtschaftliche Lehre bei einem Verwandten, Gustav Lembke.[32] Als Malchow 1945 enteignet wurde, ging er in den Westteil Deutschlands, um dort die Lembkesche Saatzucht fortzusetzen.[33]

---

[31] Ähnliche Sätze: Silvester 1926. Sie zitiert den Vater. „Hoffentlich ist das Jahr besser, diesen Druck hält man nicht länger aus.
[32] Tagebuch, 24.12.1930.
[33] Genaueres siehe unten im zweiten Teil.

Für den jüngsten Sohn Gustav-Adolf (1916-1942, gefallen) suchte der Vater ebenfalls eine Versorgungsmöglichkeit. Es gehörte zu seinen Pflichten als Familienoberhaupt, die Kontinuität der Familientradition, die bis ins 17. Jahrhundert zurückging, zu wahren.

Die Tagebuchaufzeichnungen von Gertrud Lembke geben nicht nur ein anschauliches Bild der Familiensituation, sie ermöglichen auch einen exzellenten Einblick in die Welt von Hans Lembke, denn sie zeigen seinen Referenzrahmen in den zwanziger Jahren. Wir können die Aussagen der Tochter deshalb für die Vorstellungen des Vaters benutzen, weil sie selber an mehreren Stellen ihre Zufriedenheit über die Übereinstimmung und Verbundenheit mit dem Vater ausdrückt. Mehrfach zitiert sie auch explizit politische Aussagen des Vaters.[34]

In ihren Aufzeichnungen spiegeln sich die Diskussionen der Zeit am Ende der Weimarer Republik. Die 22-jährige Studentin diskutierte mit dem Vater (und war stolz darauf ernst genommen zu werden[35]) über die zentralen Begriffe und Werte der Zeit. Da sie in dem Alter war, in dem ein junger Mensch seine Weltsicht entwickelt und seinen beruflichen und persönlichen Weg sucht, finden wir zahlreiche persönliche und zeitgenössische Probleme besprochen. Dies war für sie umso nötiger, als sie ja einen in ihrer

---

[34] "eigentlich sind wir im letzten Jahr viel mehr zusammen gewachsen durch die Politik, in Wirtschaftsfragen, in Ostfragen" (4.4.1932). Explizit am 30.11.1931: „daß ich darin auf demselben Boden mit Vati und W. stehen kann" Auch mit den Brüdern fühlt sie verbunden durch die Politik, siehe 24.12.1931.
[35] Tagebuch, 31.5.1931.

Familie völlig neuen Weg einschlug, jedenfalls in dieser Generation. Unter den Vorfahren ihrer Mutter Luise Wesenberg finden sich allerdings akademische Berufe, aber – natürlich – nur als Berufe von Männern. Luises Vater war Sanitätsrat, ein Großvater Kaufmann, ein Vorfahre im 18. Jahrhundert Pfarrer. Die Zweifel an ihrer Entscheidung, die Problematisierung des eigenen Wegs, die Selbstzweifel über ihre eigenen Fähigkeiten lesen sich wie eine Parallele zur gesamtgesellschaftlichen und politischen Situation der Krisenzeit der Weimarer Republik.

Ihre intellektuelle Hauptreferenzquelle, die mehrfach ausführlich im Tagebuch zitiert und paraphrasiert wird, ist die Zeitschrift „Die Tat". Hier fand sie formuliert, was sie beschäftigte und wofür sie vorher nicht die richtigen Worte gefunden hatte.[36] Sie folgte damit einem Leitorgan ihrer Ausbildung, ihrer Schicht und ihrer Epoche.

„Die Tat", bereits 1909 gegründet, seit 1912 im Eugen-Diederichs-Verlag verlegt, war ursprünglich eine bildungsbürgerliche Kulturzeitschrift mit einer Auflage von knapp 1.000 Exemplaren. Sie entwickelte sich aber von 1929 an in der Endkrise der Weimarer Republik zu einem Sprachrohr der jungen Akademiker, die nicht politisch links dachten, und erreichte eine Auflage von 30.000 Exemplaren.[37] In den Aufsätzen wird ein starker Antiparlamentarismus und Antiliberalismus vertreten sowie sehr grundsätzlich Kritik am Kapitalismus geübt, der ja gerade in der Weltwirtschaftskrise seine Grenzen zeigte. Dagegen

---

[36] Explizit stellt sie mehrfach die Bedeutung ihrer „Tat"-Lektüre heraus: Tagebuch, 26.12.1926, 15.9.1931.
[37] Alle allgemeinen Angaben zur Zeitschrift aus: K. Sontheimer: „Die Tat", in: VfZ 7/1959, S. 229-260.

wird als Zukunftsmodell ein autoritärer Interventionsstaat gesetzt, der die Volksgemeinschaft berufsständisch und landmannschaftlich ordnen sollte, eine Art Merkantilismus.[38] Letztlich spiegelt sich hier ein vormodernes Modell von Gesellschaft, das gegen die Industrialisierung im 20. Jahrhundert gesetzt wird. Die Landwirtschaft als Hort der Lebensgrundlage sollte staatlich geschützt und zentral organisiert werden. Das Ziel in diesem Bereich hieß Autarkie: Die Bevölkerung eines Staates sollte vollständig vom eigenen Grund und Boden ernährt werden. Jede Abhängigkeit von Importen sollte soweit als möglich vermieden werden. Außenpolitisch richtete sich der Blick nach Osteuropa. Die kleinen Staaten zwischen Deutschland und der Sowjetunion sollten in einer Art Föderation mit Arbeitsteilung, die beiden Partnern nützt, an das Deutsche Reich gebunden werden.[39]

Ab 1931 wurde der „Tat-Kreis" auch praktisch-politisch aktiv und versuchte gegen Reichskanzler Franz von Papen den Reichswehrgeneral Kurt von Schleicher publizistisch zu unterstützen – letztlich ohne Erfolg, Schleicher blieb nur wenige Wochen im Amt des Reichskanzlers und wurde am 30. Januar 1933 von Hitler abgelöst.

Aus dieser knappen Charakterisierung ergibt sich, dass zwar die Autoren keine Nationalsozialisten waren, aber in ihren Vorstellungen doch in die Nähe der Gruppen kamen, die man als „Konservative Revolution" bezeichnet. Dies waren die poli-

---

[38] Diese zusammenfassenden Formulierungen aus: E. Hanke/G. Hübinger: Von der Tat-Gemeinde zum Tat-Kreis, in: G. Hübinger (Hg): Versammlungsort moderner Geister. Der Eugen-Diederichs-Verlag – Aufbruch ins Jahrhundert der Extreme. München 1996, S. 320f.
[39] Sontheimer, „Die Tat" S. 245f.

tischen Vertreter der alten Elite in den Parteien der DNVP und des Zentrums, die Hitler zum Amt des Reichskanzlers verhalfen, im irrigen Glauben, ihn für ihre Ziele eines autoritären Staats benutzen zu können.

In Gertrud Lembkes Tagebuch sind nun drei Komplexe ausführlich behandelt, mit Zitaten und Exzerpten, die ihren Interessenschwerpunkt bezeichnen: Autarkie, Antisemitismus und „die Zukunft Deutschlands im Osten".

Die Vorstellung, wirtschaftliche Autarkie könne die Schwierigkeiten lösen, war damals in weiten Kreisen verbreitet. Sie bedeutete in der Praxis, dass alle Planung, alle Subventionen und alle Gesetzgebung für die Landwirtschaft von diesem Ziel geleitet werden sollten – die Selbstversorgung von eigenem Grund und Boden, keine Abhängigkeit von landwirtschaftlichen Einfuhren, sei es beim Brotgetreide, Futtermittel für das Vieh oder bei bestimmten Konsumgütern.

Für den einzelnen Landwirt heißt das: Er kann sich auf staatlichen Protektionismus und finanzielle Förderung verlassen. Für den Saatzüchter bedeutet es außerdem gestiegene Nachfrage, da nur über besseres, ertragreiches Saatgut das Ziel der Selbstversorgung erreicht werden kann. „Bei Freihandel würde die Landwirtschaft völlig zusammenbrechen", so wörtlich im Tagebuch.[40] Ausdrücklich zitiert Gertrud Lembke ihren Vater, der ebenfalls in der Autarkie die Lösung sieht und dazu sogar Produktionszahlen nennen kann: 85% des Eiweißbedarfs werde

---

[40] Tagebuch, 15. 9. 1931.

bereits gedeckt, durch Steigerung sei leicht eine 100%ige Bedarfsdeckung zu erreichen, wenn nicht sogar Ausfuhr.[41]

Ein zweiter Begriff, der häufig vorkommt, ist „der Osten". Auch dies war eine konservative Tradition, die aus der zentralen Lage Deutschlands in Europa eine Orientierung nach Osten hin ableitet. Impliziert war damit eine klare Abwendung von „westlicher Zivilisation", wozu der politische Liberalismus und Parlamentarismus gerechnet wurde. Aus wirtschaftlich-handelspolitischer Perspektive stimmt Gertrud dem Verfasser der „Föderationslösung" zu – fügt jedoch kritisch hinzu:

> Wie das ohne Krieg möglich sein wird, weiß ich nicht. Unsere Zukunft liegt ja bestimmt im Osten, es fragt sich nur, ob mit, ob ohne Rußland, ob mit Krieg oder der etwas problematischen „friedlichen Durchdringung", über die Hitler so spottet.[42]

Das war wohl in der Tat die entscheidende Frage. Aus heutiger Sicht kann man ihr nur zustimmen.

Zur „Judenfrage" (so die übliche Formulierung damals) fand sie Ende des Jahres 1926, auch in der „Tat", eine Erklärung, die sie überzeugte. Nicht Rasse sei das entscheidende Merkmal, das die „Judenfrage" konstituiere, sondern die kulturelle Überlegenheit, die Dominanz von Juden in Theater, Literatur, Film und Wissenschaft in Deutschland, eine Variante des verbreiteten gutbürgerlichen kulturellen Antisemitismus. Die Situation sei in England und Frankreich anders, dort sei die nationale Kultur so stark, dass eine Assimilierung der jüdischen Bevölkerung

---

[41] Tagebuch, 5. 12. 1931.
[42] Tagebuch, 15. 9. 1931, sie bezieht sich auf den Aufsatz von Ferdinand Fried in: Die Tat, August 1931, S. 354-385.

gelinge. Aus dieser Analyse ergab sich dann auch die Lösung: „Werdet deutsche Menschen!"[43] So deutsch wie möglich werden, steht als Gertruds Vorsatz im Tagebuch. Dass es in Deutschland überhaupt eine „Judenfrage", also ein Problem mit Juden, gab war damals geistiges Allgemeingut. Dass sie hier keine „Rassefrage" sieht, zeigt Differenzierungsvermögen, und das, obwohl sie sich klar dazu bekennt, dass die Rasse wichtig ist. Dies entsprach auch dem Zeitgeist.[44]

Wie steht nun Familie Lembke zum Nationalsozialismus, dessen Ideologie in vielem ihrer eigenen Orientierung ähnelte? Im Tagebuch sind mehrere Besuche von Gertrud Lembke in NSDAP-Versammlungen beschrieben. Es wurde häufig für den Reichstag gewählt damals, 1928, 1930, zweimal 1932, dazu kamen die beiden Wahlgänge für die Reichspräsidentenwahl 1932 und Landtagswahlen in Preußen, Mecklenburg und anderen Ländern. Dementsprechend aufgewühlt war die deutsche Öffentlichkeit durch einen quasi permanenten Wahlkampf. Da die politischen Meinungen der Parteien von Monarchisten, Nationalsozialisten bis zur klassenkämpferischen Kommunistischen Partei diametral auseinandergingen, waren diese Wahlkämpfe außergewöhnlich heftig, bis zu wahren Straßenkämpfen zwischen KPD- und NSDAP-Anhängern mit letztlich hunderten Toten.

Jeder Bürger musste sich in diesem Chaos eine Meinung bilden, insbesondere jeder junge. So trieb die Neugier die Studentin immer wieder dazu die Gelegenheiten wahrzunehmen, vor allem

---

[43] Tagebuch, 26.12.1926, mit Bezug auf den Aufsatz von K.G. Bittner, 18 1926/27, S. 502ff.
[44] Das Thema wird unten im Zusammenhang mit Erwin Baur ausführlich behandelt.

dann in Berlin 1932 „Nazi-Versammlungen" zu besuchen. Mehrfach wurde sie enttäuscht, blieb skeptisch, kritisch, ja machte sich über Redner und Zuhörer, aber auch über die ihrer Meinung nach überreagierende Polizei lustig.[45] Am 7. Februar 1932 allerdings kam sie von einer Versammlung des Reichslandbundes im Sportpalast in Berlin ganz euphorisch zurück. Dadurch, dass sie „ehrlich begeistert ja sagen kann", scheint eine Sehnsucht nach Klarheit, Hingabe, fragloser Überzeugung in ihr befriedigt worden zu sein.[46] Der Hauptredner war Werner Willikens, Präsident des Landbundes, selber Landwirt und „alter Kämpfer" (schon 1925 Mitglied der NSDAP geworden). Er bekleidete nach 1933 unter Landwirtschaftsminister Walter Darré eine hohe Beamtenstellung. Der Reichslandbund war Nachfolger des „Bundes der Landwirte", der im Kaiserreich eine aggressive Interessenvertretungspolitik betrieben hatte. In der Weimarer Republik stand er dann politisch der DNVP nahe und wurde bereits seit Jahren von der NSDAP unterwandert.[47]

Ihr Vater Hans Lembke blieb dagegen offenbar distanzierter und skeptischer. Mit Datum des 4. April 1932 notierte Gertrud, dass er ihr gesagt habe, dass er darunter leide, „Kassandra" spielen zu müssen: Er sah einen Bürgerkrieg in Deutschland voraus, da ja – seiner Einschätzung nach – die Reichswehr gegen einen Rechtsputsch vorgehen werde. Auch sein Hinweis auf Ähnlichkeiten zwischen Nationalsozialisten und Kommunisten weist eher auf distanzierte Analyse als auf Gefolgschaft gegenüber der neuen

---

[45] Tagebuch, 29. 1. 1932.
[46] Tagebuch ,7. 2. 1932.
[47] Wikipedia: Reichslandbund, Lesedatum 7.10.2014.

politischen Kraft hin. Vater und Tochter zeigen sich damit als typische Exemplare der damaligen Wählerschaft: Die NSDAP verkörperte die der Zukunft zugewandte Partei der jungen Generation, während die ältere Generation der Bürger lange misstrauisch blieb, obwohl sie einige Ideen der Nationalsozialisten teilte.

Die Rolle der Landwirtschaft im „Dritten Reich"

In der Ideologie der Nationalsozialisten bildet die Frage der Lebensmittelerzeugung und -versorgung einen zentralen Kern. Dies ergibt sich im Grunde logisch aus ihrer „Blut und Boden"-Ideologie, die selbstverständlich den landwirtschaftlichen, fruchtbaren Boden als Grundlage für das „Volk" ansah.
Der Historiker Adam Tooze stellt sogar in seiner „Geschichte der Wirtschaft im Nationalsozialismus" die Agrarfrage in den Mittelpunkt seiner Analyse und bettet sie in welthistorische Entwicklungen ein.[48] Die Frage, wie in Zukunft die Bevölkerung ernährt werden könne, sei nämlich keine ausschließliche Sorge der deutschen Rechten, sondern auch für die USA und die europäischen Konkurrenten des Deutschen Reichs – Großbritannien und Frankreich – ein grundlegendes Problem der Politik gewesen. Die riesigen landwirtschaftlichen Flächen der USA und die Kolonialreiche der beiden europäischen Länder hatten diesen in Bezug auf Rohstoffe und Lebensmittel einen beträchtlichen

---

[48] Tooze: Ökonomie. Das Kapitel: Die „Erhaltung des Bauerntums" bildet das Scharnier, das ein Verständnis für die gesamte NS-Wirtschaftspolitik eröffnet. S. 201-239.

Vorsprung verschafft. Dies auszugleichen und gleichzuziehen sei die entscheidende Motivation für das „Dritte Reich" gewesen. Tooze betont, dass dies nicht einfach ein grotesker Atavismus rückwärtsgewandter Ideologen gewesen sei, sondern eine reale Sorge von allen, die die Globalisierung der Landwirtschaft seit einigen Jahrzehnten beobachteten und Deutschland ins Hintertreffen geraten sahen.[49] In die gleiche Richtung ging die Sorge um eine sinkende Geburtenrate, die mit der Verstädterung verbunden war. Die Aufsätze in „Die Tat" zeugen davon.

So wurde Autarkie Staatsziel: die Selbstversorgung Deutschlands mit Nahrungsmitteln und Viehfutter.[50] Die so genannte „Erzeugungsschlacht" diente der Erhöhung der einheimischen Produktion und der Unabhängigkeit vom Weltmarkt. Da dies sich aber nicht innerhalb des beschränkten Raumes Deutschlands verwirklichen ließ, folgte sozusagen logisch die Aufgabe, „Lebensraum im Osten" zu suchen, d.h. Krieg gegen die osteuropäischen Länder zu führen. Das hörte sich dann in einer internen Rede von Landwirtschaftsminister Walter Darré 1936 folgendermaßen an:

> Der natürliche Siedlungsraum des deutschen Volkes ist das Gebiet östlich unserer Reichsgrenze bis zum Ural, im Süden begrenzt durch Kaukasus, Kaspisches Meer und die Wasserscheide, welche das Mittelmeerbecken von der Ostsee und Nordsee trennt. In diesem Raum werden wir siedeln, nach dem Gesetz, daß das fähigere Volk immer das Recht hat, die

---

[49] Tooze: Ökonomie, S. 212.
[50] So Wieland: Wissenschaftliche Pflanzenzüchtung, mit Bezug auf mehrere Spezialaufsätze S. 195, FN 613, 614.

Scholle eines unfähigen Volkes zu erobern und zu besitzen.[51]

Öffentlich wurde die Kriegsvorbereitung spätestens seit dem Vierjahresplan ab 1936 deutlich sichtbar. Landwirtschaft wurde zum Ziel der langfristigen Politik und sie diente als Mittel, um diese Politik realisieren zu können. Die Nationalsozialisten hatten gründlich die Ernährungsprobleme des Ersten Weltkriegs studiert. Um zukünftig einen siegreichen Krieg zu führen, galt es also, die Landwirtschaft so neu zu organisieren, dass sie die Aufrüstung optimal unterstützte. Dafür würde sie mit großen Flächen fruchtbaren Bodens zur Besiedlung belohnt werden.[52]

Die Gleichschaltung der Landwirtschaft war von Anfang an eines der zentralen Anliegen der Nationalsozialisten. Walther Darré gründete bereits 1930 die NS-Unterorganisation „Agrarpolitischer Apparat". Auch Heinrich Himmler hatte eine heimliche Liebe zum Land.[53]

Die in der Weimarer Republik begonnenen Reformansätze – Saatzuchtgesetz, Osthilfedarlehen – wurden aus- und weitergeführt. Dies war schon aus dem schlicht praktischen Grund, den vom Konkurs bedrohten Landwirten staatlicherseits zu helfen, angeraten.

Im September 1933 wurde der „Reichsnährstand" gegründet, eine öffentlich-rechtliche Institution, die alle früheren agrarischen Vereine, Verbände und Interessengruppen in einer Organisation

---

[51] Zitiert nach: Tooze: Ökonomie, S. 238.
[52] Zum weiteren Zusammenhang von Saatzucht/Landwirtschaft und den Plänen der Ostexpansion wird unten im Kapitel über die „Ostgebiete" ausführlich eingegangen.
[53] Grundmann: Reichserbhofgesetz, S. 25 und 71-74.

gleichschaltete. Auf diese Weise erreichte er die Zahl von ca. 15 Millionen Mitgliedern, die alle als Produzenten, Händler, Saatgutzüchter, Bauern, Landarbeiter usw. mit Landwirtschaft zu tun hatten. Er war eine berufsständische Zwangsorganisation, aber formal kein Teil der NSDAP. Trotzdem bedeutete sie natürlich die Gleichschaltung aller bisherigen Agrarorganisationen. Das Führerprinzip sorgte für Befehle von oben nach unten, vom Reichsbauernführer Walther Darré (in Personalunion auch Reichsminister für Ernährung und Landwirtschaft) über die Kreisbauernführer bis zu den Ortsbauernführern.[54]

Propagandistisch wurde der „Bauernstand" aufgewertet, zum Beispiel zum ersten Mal durch das Reichserntedankfest am 1. Oktober 1933. Eine halbe Million Bauern versammelten sich auf dem Bückeberg im Weserbergland, von Hunderten Sonderzügen vornehmlich aus Norddeutschland dorthin gebracht. Sie erlebten eine beeindruckende militärische Show der Stärke und politischen Führungskraft des neuen Regimes. Hitler persönlich wurde eingeflogen, mit ihm die gesamte NS-Führungsriege.[55] Wie der jährliche Nürnberger Reichsparteitag, Maifeiern, Aufmärsche und „Totengedenken" der „Märtyrer der Bewegung" gehörte das Erntedankfest zu den quasi sakralen Massenfeiern der „Volksgemeinschaft", durch die die NSDAP ihre Selbstdarstellung inszenierte, um die Bindung an die neue „Ordnung" zu festigen. Der Reichsbauerntag fand ab 1934 immer in Goslar statt.

---

[54] Münkel: Agrarpolitik S. 100-112.
[55] Anschauliche Detailbeschreibung der Attraktionen bei Tooze: Ökonomie, S. 218f. Zeitgenössische Fotos sind im Internet zu sehen. Google-Stichwort: Reichserntedankfest 1933.

Die konkrete Politik des Reichsnährstandes bestand zunächst in der Einführung einer Marktordnung. Erzeuger- und Verbraucherpreise für alle Lebensmittel wurden sukzessive zentral festgesetzt, 1933 zunächst für Weizen und Roggen, in den folgenden Jahren schrittweise für alle landwirtschaftlichen Produkte. Es wurde eine staatlich gelenkte Ernährungswirtschaft eingeführt. Ein erheblicher Teil der Wirtschaft wurde damit dem Markt entzogen, denn auch Molkereien, Mühlen, Schlachtereien, landwirtschaftliche Kreditgenossenschaften – kurz: die gesamte Lebensmittelindustrie – gehörten dazu.[56] Dies entsprach zu großen Teilen den Forderungen und Wünschen der Agrarlobby schon seit Jahren und Jahrzehnten, und insofern registrierten die Landwirte die Neuorganisation als Fortschritt für die eigenen Interessen.

Nach Einschätzung von Historikern verlor aber der Reichsnährstand unter dem Reichsbauernführer Darré schnell an Einfluss, und gegenüber den Interessen der einzelnen Landwirte wurden andere politische Ziele vorrangig. So wurde spätestens 1936 mit dem Vierjahresplan die Aufrüstung das primäre Ziel, und nach Kriegsbeginn dominierten unangefochten nur noch die Bedürfnisse des Militärs.[57]

---

[56] Tooze: Ökonomie, S. 224-227.
[57] Zur Diskussion unter Historikern, in der nur die Zeitpunkte, nicht das Ob kontrovers sind, siehe Münkel: Agrarpolitik, S. 111f.

Die Saatzucht – ein Sonderfall

Eine Sonderrolle ergab sich für die Saatzucht. Seit 1908 hatten sich die deutschen privaten Saatzüchter in der „Gesellschaft zur Förderung der privaten deutschen Pflanzenzüchtung e.V." organisiert, in der Hans Lembke führendes Mitglied war. Wie alle agrarischen Berufsorganisationen wurden sie im „Reichsnährstand" gleichgeschaltet, so dass ab 1934 die Saatzüchter im „Reichsverband der landwirtschaftlichen Pflanzenzüchter" (RDP) – heute: Bundesverband deutscher Pflanzenzüchter e.V. – für ihre Interessen eintraten. Hans Lembke wurde innerhalb des RDP Leiter der Abteilung Futterpflanzensaatgut.[58]

Das offizielle agrarpolitische Ziel „Autarkie" bedeutete für alle Landwirte, aber insbesondere für die Saatzüchter, eine enorme Aufwertung und Stärkung ihrer Position. Denn die Steigerung der Ernteerträge war nur durch verbessertes Saatgut zu erreichen, und so erhielten die Saatzüchter endlich die schon seit langem angestrebte und vorbereitete gesetzliche Regelung.

Die Sortenanzahl wurde radikal reduziert, so dass nur noch von der Saatgutstelle zugelassenes Saatgut – „Hochzuchtsaatgut" – gehandelt werden durfte. Berücksichtigt man, dass damals hunderte verschiedene Sorten im Vertrieb waren, so scheint dies eigentlich nur sachlich vernünftig und angemessen gewesen zu sein.

In der „Saatgutverordnung" von 1934 wurden die Sortenprüfung und das Anerkennungsverfahren für Saatgut zentral geregelt und

---

[58] A Malchow, 1. Regal, 0037, 31.5.1935: Tagesordnung der Sitzung des Gesamtvorstandes der RDP.

von da an das Hochzuchtsaatgut in einer „Reichssortenliste" veröffentlicht. Die Preise wurden zentral festgesetzt, die Vertriebswege reglementiert. Die Verträge zwischen Züchtern und Vermehrer-Betrieben wurden vereinheitlicht und waren zwingend vorgeschrieben. Dies griff zwar massiv in die unternehmerische Freiheit der privaten Pflanzenzüchter ein, hatte aber den Vorteil, dass die staatliche Preisfestsetzung Gewinne garantierte.[59]

Die privaten Pflanzenzüchter profitierten außerdem davon, dass die staatlichen Saatzuchtanstalten, die vorher für die Bauern Konkurrenz in der Erzeugung von Saatgut gewesen waren, in die akademischen Kaiser-Wilhelm-Institute, deren Aufgabe die wissenschaftliche Grundlagenforschung blieb, eingegliedert wurden.[60] Die neuen Regelungen erfüllten also weitgehend die Forderungen der letzten Jahrzehnte.

Zahlreich waren die Veröffentlichungen des Reichsnährstandes, z.B. von Wilhelm Rudorf, Leiter des KWI für Pflanzenzüchtung, der 1937 über „die politischen Aufgaben der Pflanzenzüchtung" schrieb. Auch Hans Lembke selber veröffentlichte hier eine kleine Schrift über den „Rotkleesamenanbau", die mehrere Auflagen erlebte.

Die Korrespondenz des Jahres 1935 zwischen Hans Lembke und dem „Reichsverband der deutschen Pflanzenzüchter" (RDP) zeigt, wie die neuen Regelungen in der Praxis aussahen.[61] Zum

---

[59] Dies jedenfalls die Schlussfolgerung von Wieland, in: Wissenschaftliche Pflanzenzüchtung, S. 195f.
[60] J. Hartwood: Politische Ökonomie, S. 31f.
[61] Alle Quellen im Folgenden aus: A Malchow Regal I, Ordner 0037: Korrespondenz mit RDP 1.1.-31.12.1935.

Beispiel musste die Art der Werbung des Pflanzenzüchters musste zur Genehmigung vorgelegt werden, die Teilnahme an den Ausstellungen des Reichsnährstandes wurde Pflicht, ebenso die Ausstattung und das Design des Ausstellungsstands (würde man heute sagen). Der Katalog der Hamburger Ausstellung von 1935 ist durchsetzt mit Bauern-Propaganda: „Unser Ziel: Freies Volk auf freier Scholle". Mit holprigen Versen wurde für das Hochzuchtsaatgut geworben:

> Nur Hochzucht-Saatgut unbedingt –
> totsicher Höchsterträge bringt.
> Das sollte heute jeder wissen,
> Jedoch steht's damit noch bescheiden.
> Drum Bauer, Landwirt, und so weiter
> jetzt werdet endlich mal gescheiter …..

„Malchow mit Dr. h.c. Lembke" war der Aussteller Nr. 77 und war bei Kartoffeln (Edda) und Futterpflanzen (Lembkes Welsches und Deutsches Weidelgras, Rotklee, sowie Lembkes Winterraps und Winterrübsen) vertreten, alle Pflanzen konnte man im Freigelände besichtigen.[62]

Will man aus dieser amtlichen Korrespondenz einen Hinweis auf Hans Lembkes Meinung zur Neuorganisation herauslesen, findet man nur Auseinandersetzungen um beruflich-agrarische Sachfragen.

Hans Lembke geriet im März 1935 – ungewollt – in Konflikt mit dem RDP, weil er angeblich „falsche" Werbung machte; er hatte nämlich das erklärende Anschreiben für seine Saatgutkunden, die

---

[62] Katalog der II. Reichsnährausstellung in Hamburg, S. 38, 41 und 44.

Landwirte, nicht mit genehmigen lassen. In diesem Anschreiben hatte er erklärt, dass seine frühere Sorte „Industrie" nun gemeinsam mit einer Kölner Vermarktungsfirma vertrieben werde, und also unter dem alleinigen Namen „Industrie" firmiere. Damit hat er die amtlichen RDP-Vorschriften unterlaufen. Dieser Vorwurf traf Hans Lembke so sehr, dass er zur Klärung sogar anbot persönlich extra nach Berlin zu fahren. Nach heftigem Briefwechsel klärte sich seine Handlungsweise als ein Versehen. Ihm war in diesem Konflikt um die „falsche" Werbung sehr daran gelegen, nicht in den Verdacht unkorrekter Handlungsweise zu geraten, dass er nämlich für sich zu viel und mit unlauteren Mitteln Werbung betreibe.

Bei einer anderen Gelegenheit im selben Jahr 1935 übte er deutliche Kritik am RDP zum Thema Preise für Futterpflanzensaatgut, die zu niedrig seien. Die Produktion werfe deshalb zu geringe Gewinne ab und werde deshalb für den unternehmerisch denkenden Saatzüchter unattraktiv. In seinem Brief geht es auch um konkrete Handlungen der Verantwortlichen des RDP, die den Namen eines involvierten Landwirtes mitveröffentlicht hatten, den Hans Lembke unbedingt verbandsintern hatte halten wollen.

Von politischer Rücksichtnahme oder Anpassung ist nichts zu spüren – es ist die geschäftliche Korrespondenz eines integren Betriebsleiters und Landwirts, der seine Interessen im Rahmen der beruflichen Organisation vertrat. Er folgte fraglos den Regeln, die sachlich gerechtfertigt waren, und wehrte sich, wenn etwas seiner Meinung nach falsch lief. Mit den neuen Regelungen war er im Prinzip sehr einverstanden, sie erfüllten das nach seiner Ansicht sachlich Gebotene.

Will man ein Fazit für die Situation des Saatzuchtbetriebs Malchow in den dreißiger Jahren ziehen, so wird klar: Es ging nach jahrelanger Schuldenmisere aufwärts. Die 30er Jahre waren die wirtschaftlich erfolgreichsten Jahre, in denen die Saatzucht hohe Gewinne einbrachte.

Umgang des Gutsbesitzers Hans Lembke mit Landarbeitern und Angestellten

Grundsätzlich kann man davon ausgehen, dass Hans Lembke im weitesten Sinne eine patriarchalische Haltung gegenüber seinen Angestellten und Landarbeitern hatte. Damit unterschied er sich nicht von anderen Gutsbesitzern und größeren Landwirten seiner Zeit.[63]

Das umfasste klare Befehlsstrukturen, die ohne Diskussion zu befolgen waren. Aber es bedeutete auch, dass der Gutsbesitzer sich um seine Arbeiter kümmerte. Wenn nötig, wurden deren Familien bei Krankheit und Tod betreut. Quellen von außen, also objektiver Art, gibt es selten, noch weniger von den Betroffenen selbst. Üblicherweise sind es Familienerzählungen und Erinnerungen, die Einblicke ermöglichen. In ihnen spielte Luise Lembke als Gutshausfrau eine zentrale Rolle. Sie soll sich persönlich um kranke Familienangehörige der Arbeiter ge-

---

[63] Niemann, Mario: Mecklenburgischer Großgrundbesitz im Dritten Reich. Köln, Weimar, Wien 2000 (Mitteldeutsche Forschungen 116), S. 146-148.

kümmert haben, etwa dafür gesorgt haben, dass der Transport zum Arzt geregelt wurde usw.

Eine überraschende Quelle für den Charakter von Hans Lembke und seinen Umgang mit Angestellten und einfachen Arbeitern, in diesem Fall mit Soldaten im Manöver, fand ich in den handschriftlichen Erinnerungen des zweiten Schwiegersohns Walter J. Schröder – Ehemann von Gertrud Lembke – vom Februar 1978, die er „Rückblicke" nannte, der erste Band hat zum Gegenstand seine „Soldatenzeit I, Januar 1940-Juli 1945" – so der Titel.

Er beschreibt darin, wie er eines Tages während seiner Rekrutenausbildung beim Hauptfeldwebel (Spieß) ein Paket abholen sollte und dieser ihn wegen des Absenders Dr. Lembke, Malchow, gefragt habe, wie er dazu komme. Auf seine Antwort hin, dass es sein Schwiegervater sei, habe dieser gesagt: „Wissen Sie, das ist der großartigste Mann, den ich kennengelernt habe. Wir waren da im Manöver und er hat uns bewirten lassen, das haben wir noch nicht erlebt."[64]

Seine Großzügigkeit für seine eigenen Kinder spiegelt sich in deren materiellen Versorgung: Er kaufte das Gut Neu Buslar (siehe unten) als Existenzgrundlage für seine ältere Tochter Hanna und deren wachsende Familie. Ebenso wurde 1939 die gesamte Renovierung und die Wohnungseinrichtung für seine zweite Tochter Gertrud und deren Mann finanziert, eine Fünfzimmerwohnung plus „Mädchenzimmer" in Rostock. Auch die Miete übernahm er. Teile der Möbel wurden nach Entwürfen

---

[64] Privatarchiv Schröder-Lembke, W.J. Schröder: „Rückblicke" Heft 1, S. 11/12.

von W.J. Schröder vom Schreiner maßgerecht angefertigt.[65] Aus heutiger Sicht kann man diesen Fakten zweierlei entnehmen: Hans Lembke war großzügig und hatte inzwischen auch wieder die finanziellen Mittel dazu.[66]

Das Gut Neu-Buslar 1936 bis 1945

Das Gut Neu-Buslar in Hinterpommern wurde 1936 zu einem Ableger des Saatzuchtgutes Malchow und hat bis Januar 1945 als Saatzuchtstation und Heimat der Familie Schick gedient. Damit kommt die zweite Hauptperson dieses Buches ins Spiel, Rudolf Schick.

Biographie Rudolf Schicks bis 1936

Rudolf Schick wurde 1905 in Berlin als zweiter Sohn in einer bürgerlichen Ingenieursfamilie geboren. Schon als Junge soll er sich für Kartoffeln interessiert haben, beeindruckt von den Hungerwintern im Ersten Weltkrieg. Nach dem Abitur 1923 machte er eine Lehre in der Landwirtschaft und kam im Mai 1925, vor Beginn seines Landwirtschaftsstudiums im Wintersemester, als Volontär nach Malchow. Diese Sommermonate prägten sein Leben: Er entschied sich, nicht das umfassende Fach „Landwirtschaft" zu studieren, sondern sich von vornherein auf Genetik und Pflanzenzüchtung bei Erwin Baur an der

---

[65] Rückblicke Heft 1, S. 1.
[66] Siehe oben im Kapitel über die Situation der Landwirtschaft in den 20er Jahren.

Landwirtschaftlichen Hochschule in Berlin zu spezialisieren. Und er lernte die älteste Tochter Hanna kennen.[67]

Als Jugendlicher hatte er den Ersten Weltkrieg sehr bewusst erlebt, war aber zu jung für den Militärdienst gewesen. Seine letzten Schuljahre lagen in den von Inflation, Aufständen und Putschversuchen geschüttelten Anfangsjahren der Weimarer Republik, und er begann sein Studium, als das öffentliche Leben eine relative Ruhe und Stabilität erreicht hatte. Es scheint, als habe er dank seines früh gefundenen Lebensthemas – die Kartoffelzüchtung – unbeirrt seinen Weg gemacht. Stationen waren dicht hintereinander 1928 die Diplomarbeit über die Kreuzung von Wildkartoffeln mit Kulturpflanzen und 1929 die Promotion zum Dr. agr. mit einer pflanzengenetischen Arbeit. Er wurde von seinem Doktorvater Erwin Baur als Assistent im neugegründeten Kaiser-Wilhelm-Institut eingestellt. Materiell reichte sein Lohn gerade zum Überleben, von 110 RM monatlich ist die Rede.[68] Aber die beruflichen Möglichkeiten waren phantastisch: Er unternahm 1930/31 monatelange Reisen durch mehrere Länder Südamerikas, um für die weitere Zucht Wildformen der Kartoffel zu sammeln, und gehörte damit zur wissenschaftlichen Avantgarde in der Kartoffelzüchtung. Weitere Reisen folgten in die Niederlande und in den nördlichen Teil der

---

[67] Siehe das „Biographische Porträt" von G. Schattenberg und D. Spaar (ZALF 2000), S. 9-13. Auch die weiteren biographischen Angaben nach diesem Buch. Siehe auch den knappen Lebenslauf unter http://cpr.uni-rostock.de/metadata/cpr_professor_000000002034 (Lesedatum 20.8.2014) und den eigenhändigen Lebenslauf in der MfS-Akte 11/56, S. 18 (BStU).

[68] Gertrud Lembke schreibt über ihren zukünftigen Schwager aus Anlass der Verlobung 1932: „Aber er hat ja wenig. Und Hanna in einer kleinen Stadtwohnung und in beschränkten Verhältnissen." Tagebuch, 2.3.1932.

Sowjetunion im Sommer 1933. Inzwischen war er vom Assistenten zum Abteilungsleiter im KWI Müncheberg aufgestiegen. 1934 heiratete er Hanna Lembke, 1935 wurde im September Tochter Eva geboren.

Als der Direktor Erwin Baur am 2. Dezember 1933 plötzlich starb, entwickelte sich eine heftige Auseinandersetzung um die Nachfolge. Der zunächst von Max Planck, damals Direktor der Kaiser-Wilhelm-Institute, ernannte Hans Stubbe wurde wieder abgesetzt, da es Konkurrenten mit Verbindungen zur NSDAP gab. Nach Protesten von Hans Stubbe, Rudolf Schick und ihrem wissenschaftlichen Kollegen Hermann Kuckuck wurden diese drei parteilosen Mitarbeiter am 1. April 1936 nach einem Urteil des Ehrengerichtes entlassen. In einem Gutachten über Erwin Baur aus dem Jahr 1994 wird die Vorgehensweise der drei jungen Leute als „taktisch unklug" und als eine „Baur würdige Aktion" charakterisiert, da sie in einem offenen Brief den kommissarischen neuen Leiter der Lüge bezichtigten.[69] In der Tat widerspricht eine solche Handlungsweise unserer Vorstellung, was im „Dritten Reich" an öffentlichen Protesten möglich gewesen ist. Es ging ja auch schief und kostete alle drei ihre Stelle. Was für Schicks Charakterisierung nun wichtig ist: Solche Aktionen wiederholte er nach 1945. Mehrmals protestierte er in ähnlicher Weise auch in der DDR gegen Unrecht. Dies spricht auf jeden Fall für einen bemerkenswerten Mut und große Gradlinigkeit, aber auch für eine gewisse Überschätzung der

---

[69] H.P. Kröner, R. Toellner, K. Weisemann: Erwin Baur. Naturwissenschaft und Politik. München 1994. (Gutachten), S. 105. Zur Erklärung der Charakteristik siehe unten Baurs Handlungsweisen.

eigenen Position.

Hermann Kuckuck schildert die Auseinandersetzung im Institut ausführlich in seinen Memoiren. Interessant ist diese Schilderung, weil Kuckuck die Begründung des Ehrengerichtsverfahrens wegen Störung des Betriebsfriedens zitiert:

> Zum Beweis unserer „marxistisch-liberalistisch-pazifistischen" Einstellung vor der Machtübernahme wurden auf den folgenden drei Seiten Einzelheiten aus unserem Privatleben ab 1930 mit Angaben der Zeugen zusammengestellt wie u.a. unser Umgang mit Juden und Sozialisten, Lesen von linksgerichteten Zeitungen und Büchern, Verhalten am 1. Mai 1932, Bezeichnen des Parteiabzeichens als „Garderobenmarke".[70]

Diese Zitate geben uns den Hinweis, dass Rudolf Schick dem Nationalsozialismus gegenüber zumindest skeptisch distanziert eingestellt gewesen sein könnte, wenn nicht sogar feindlich.[71] Dazu passen Zeugenaussagen. Einem Familiengerücht nach habe es intensive und lebhafte Kontroversen in der jüngeren Generation gegeben[72]. Gertrud, ihr damaliger Freund und späterer Mann Walter J. Schröder, ihre Brüder Hans-Georg und Adolf sowie Rudolf Schick diskutierten die politische Lage, wobei Rudolf immer als „der Kommunist" gegolten habe. Dies muss nicht im streng ideologischen Sinne gemeint sein, nur als relativer Abstand zu den Anderen, also im Spektrum der politischen

---

[70] Hermann Kuckuck: Wandel und Beständigkeit im Leben eines Pflanzenzüchters. Berlin Hamburg 1988, S. 34.
[71] Kuckuck: Wandel, S. 33-36. Kurzfassung in Schattenberg: Schick, S. 28f.
[72] Auch im Tagebuch (bis 1932) und in Briefen von Gertrud Lembke während der Kriegszeit ist mehrfach von langen Diskussionsabenden die Rede.

Ideologien eher weiter links. Das Gutachten über Baur von Kröner und Toeller bezeichnet alle drei entlassenen Kollegen als „eher sozialdemokratisch orientiert".[73] Da keine Quelle genannt wird, sind vermutlich die Memoiren und Gespräche der Verfasser mit Hermann Kuckuck Grundlage dieser Einschätzung.

Ein Hauptthema der Darstellung Kuckucks ist auch das völlig willkürliche Ehrengerichtsverfahren, das in seinem Ablauf von Anklage und Zeugenvernehmungen keinerlei rechtsstaatlichen Regeln mehr gefolgt sei. Der ganze Prozess war für Rudolf Schick mit Sicherheit eine traumatisierende Erfahrung. Der Kollege Hans Stubbe sprach sogar davon, dass er den Schock erst nach dem Krieg verarbeitet habe.[74] Es ist deshalb gut vorstellbar, dass er eine besondere Empfindsamkeit gegenüber Verstößen gegen rechtsstaatliche Normen zurückbehalten hat. Zwanzig Jahre später nämlich war seine Kritik am Mangel an Rechtsstaatlichkeit sein Hauptargument gegen ein Gerichtsverfahren in der DDR.[75]

In Bezug auf die politische Einstellung Schicks gibt es allerdings auch gegenteilige Quellen, nämlich die Fakten, dass er seit 1933 (1934?) Mitglied im Nationalsozialistischen Kraftfahrerkorps (NSKK) war und am 1. Mai 1937 in die Partei eintrat, Mitgliedsnummer 4 865 857.[76]

In seiner Karteikarte der Abteilung HA XVIII des MfS heißt es bezüglich seiner NS-Vergangenheit:

---

[73] Kröner et al.: Gutachten, S. 85.
[74] Schattenberg: Schick, S. 29.
[75] Siehe unten: Der Fall Dr. Baltzer.
[76] NSDAP-Karteikarte (ehemals BDC).

Durch seine Reise in die Sowjetunion im Sommer 1933 und die damaligen politischen Ereignisse in Deutschland trat er zur Abschirmung seiner Person in den NSKK ein. 1936 kam er sowie Prof. (geschwärzt, Stubbe) und Dr. (geschwärzt, Kuckuck) vor das Ehrengericht des Treuhänders der Arbeit in Berlin. Urteil lautete für alle drei: fristlose Entlassung.[77]

Das Kraftfahrerkorps war eine der Möglichkeiten für Kompromisse mit dem NS-Regime. War man nicht sowieso automatisch als ADAC-Mitglied 1933 im Zuge der Gleichschaltung Mitglied geworden, galt das NSKK als Ersatz für eine Parteimitgliedschaft. Ähnliches kann man für den Verein für das Deutschtum im Ausland sagen.[78] Schick war als junger Mann begeisterter Motorradfahrer, da bot sich solch ein Schritt an.[79] Sein Parteieintritt erscheint noch mehr als „zur Abschirmung" einsichtig motiviert, gerade weil er nach dem Rauswurf aus seiner Traumposition als Wissenschaftler erfolgte.[80]

Weil ich keine explizit zitierbaren politischen Aussagen Schicks aus dieser Zeit kenne, bringt es vielleicht weiter, wenn man sich mit seinem akademischen Lehrer Erwin Baur (1875-1933) beschäftigt. Baur war einer der ersten Genetiker, der als Wissenschaftler und akademische öffentliche Person eine

---

[77] BStU HA XX/16/10-NS-Belastete.
[78] Wikipedia Artikel Nationalsozialistisches Kraftfahrkorps (Lesedatum 9.6.2015) und detaillierter der Aufsatz von Franz W. Seidler: Das NSKK und die OT im Zweiten Weltkrieg, in: VfZ 32/1984, Heft 4, S. 625-636.
[79] Dies bestätigte mir sein jüngster Sohn Rudolf Schick (Mail vom 2.8.2015).
[80] Falsch sind mit Sicherheit die Jahreszahl 1935 und die Angabe „SA", die in dem Nachschlagewerk „Wer ist wer in der DDR?" zu lesen ist (onlineversion, Lesedatum 7.8.2015). Auch im Findbucheintrag zum Nachlass N 2515 des Bundesarchivs stehen diese falschen Angaben.

Pionier-Rolle im Wissenschaftsbetrieb Deutschlands gespielt hat. Als Mediziner und Biologe ausgebildet gründete er 1914 den ersten Lehrstuhl für Genetik (Vererbungslehre) an der Landwirtschaftlichen Hochschule Berlin, den er selber innehatte. Die Liste seiner wissenschaftlich-öffentlichen Aktivitäten ist beeindruckend. So verdanken ihm mehrere Fachzeitschriften und zwei Kaiser-Wilhelm-Institute, das „KWI für Anthropologie, menschliche Erblehre und Eugenik" in Berlin (1927) und das „KWI für Kulturpflanzenzüchtung" in Müncheberg (1928), ihre Gründung. Er war auch im politischen Diskurs öffentlich präsent, in zwei damals heiß diskutierten Streitfragen, nämlich der Eugenik und der Autarkie der deutschen Landwirtschaft. Die Eugenik war ein Modethema der Zwanziger Jahre[81], ursprünglich in England entwickelt und dann in der ganzen zivilisierten Welt diskutiert. Die Entdeckung des Erbgutes führte nämlich zu der politischen Frage, ob man staatlicherseits fördern sollte, dass Menschen mit „gutem" Erbgut mehr Kinder bekommen als solche mit „schlechtem". Aus heutiger Sicht klingt hier sofort die Rassenideologie der Nationalsozialisten an. Baur gehörte immerhin auch einer „Gesellschaft für Rassenhygiene" an. Ähnlich geht es dem zweiten, für Baur wichtigen Thema, der landwirtschaftlichen Autarkie und Organisation der Landwirtschaft, die auch mit Besiedlungsplänen im Osten Europas spielte.[82]

---

[81] Vergleiche die Zusammenfassung von R. Knippers in seiner Rezension einer Biographie Baurs, in: Wissenschaft intern, http://www.biospektrum.de/blatt/d_bs_pdf&_id=933309, Lesedatum 3.11.2015.
[82] Darauf wurde bereits oben S. 45ff. ausführlich eingegangen.

Erwin Baur wurde deshalb eine Nähe zum Nationalsozialismus unterstellt, so dass im Jahre 1990 ein Gutachten von den Max-Planck-Instituten als Rechtsnachfolger der KWI in Auftrag gegeben wurde. Es sollte detailliert klären, ob der Vorwurf berechtigt ist. Der zentrale Punkt ist seine Beteiligung an dem Lehrbuch „Grundriss der menschlichen Erblichkeitslehre und Rassenhygiene" (1921), der „Baur/Fischer/Lenz", auf das sich Hitler selbst und die Nationalsozialisten in ihrem Rassenwahn stützten. Von Nahem betrachtet, ist sein Beitrag darin (eine Kurzdarstellung der Genetik) – so das Gutachten – allerdings rein wissenschaftlich und politisch völlig unverdächtig. In seiner konkreten Arbeit in seinem Institut verfolgte Baur jedoch seine eigenen Karrierepläne im neuen System. Dabei geriet er bereits im Mai 1933 in heftige Auseinandersetzungen mit dem Reichsministerium für Ernährung und Landwirtschaft. Da Walter Darré am 29. Juni 1933 zum Minister ernannt wurde, entwickelte sich daraus eine Auseinandersetzung mit dieser Person. Die Detailschilderung aus dem Gutachten zeigt, dass Baur hier es wohl bewusst auf einen Machtkampf mit Darré anlegte, dessen Vorstellungen er öffentlich kritisierte.[83] Es ging um die Finanzierung des Instituts, das im regulären Etat der Kaiser-Wilhelm-Institute keinen Posten hatte, sondern von Jahr zu Jahr wieder neu aus verschiedenen, auch privaten Quellen der Industrie, seine Arbeit finanzieren musste.[84] Diese Geldmittel waren nun in Gefahr und Baur entfaltete beim Kampf um die staatlichen

---

[83] Kröner et al. vermuten, dass Baur selber gerne Landwirtschaftsminister geworden wäre. Gutachten S. 92.
[84] Kröner et al.: Gutachten, S. 90-101.

Zuschüsse alle Druckmittel. So informierte er im Mai bereits die Mitarbeiter, dass ihre Arbeitsstellen in Gefahr seien, da er ab Oktober das Institut schließen müsse. Ab September eskalierte der Konflikt: Die Presse wurde von Baur eingeschaltet, der Bürgermeister von Müncheberg, das dortige Arbeitsamt; die Mitarbeiter mussten um ihre Arbeit bangen. Näher müssen wir in unserem Zusammenhang nicht auf die weiteren Eskalationsschritte im Konflikt eingehen – Baur drohte die Verhaftung, es kamen Meinungsverschiedenheiten über Personalentscheidungen dazu – kurz: Sein früher Herztod im Dezember 1933 wird auf diese Kämpfe um Organisation und Finanzierung zurückgeführt.[85]

Das Gutachten kommt nach detaillierter Untersuchung zu dem Schluss, dass Baur eine

> geistige Urheberschaft an den historischen Verbrechen, die der Nationalsozialismus begangen hat, nicht angelastet werden kann, er aber Teil hat an der historischen Schuld seiner Generation und seiner Schicht in Deutschland, deren Festhalten an autoritären Strukturen, deren Nationalismus, Militarismus und deren elitäres, demokratieferneres Denken die Bedingungen für die Möglichkeit nationalsozialistischer Herrschaft schufen.[86]

Dieser Wissenschaftler nun hatte mit Sicherheit einen prägenden Einfluss auf Rudolf Schick, der vom ersten Semester an sein

---

[85] So ausdrücklich Kuckuck: Wandel, S. 31f. Es gab auch das Gerücht eines Selbstmords – der Tod des Widersachers passte zu gut in die Pläne von Darré, aber es gab keine weitere Untersuchung, Kröner et al.: Gutachten, S. 104, FN 303.
[86] Kröner et al. Gutachten, S. 144.

Schüler war und dem er seine ganze wissenschaftliche Laufbahn verdankte.

Als Genetiker und Züchter, auch als Landwirt, ist Schick gewiss dem Zeitgeist gefolgt. Er hatte jedoch konkret schmerzliche Erfahrungen beim Ehrengerichtsverfahren darin gemacht, wie brutal Nationalsozialisten ihre Interessen durchsetzten und wie sie Machtmittel zum eigenen Vorteil unverschämt ausnutzten. Zusätzlich muss die Unsicherheit, in der alle Mitarbeiter das ganze Jahr 1933 hindurch wegen des Kampfes um die Finanzierung des Instituts gehalten wurden, sich auch auf ihn ausgewirkt haben.

Daraus kann sich gut eine bleibende Abneigung gegen den Nationalsozialismus entwickelt haben. Die Begründung, dass seine Parteimitgliedschaften dazu dienten „seine Ruhe zu haben", scheint in diesem Kontext glaubhaft.

Der Kauf des Gutes Neu-Buslar

Die Entlassung Rudolf Schicks, der mit Frau und Tochter vor dem wirtschaftlichen Nichts stand, war also Anlass für den Kauf des Gutes Neu-Buslar, auf dem Tochter und Schwiegersohn eine neue Existenz finden konnten. Vermutlich suchte Hans Lembke aber ohnehin nach geeigneten östlich gelegenen neuen Anbauflächen. Es entstand im Weiteren eine fruchtbare Zusammenarbeit zwischen Malchow und Neu-Buslar. Der leichte Boden und das raue Klima waren für die Kartoffelzucht geeignet. Es war wohl in dieser Situation ein Glück, dass Schick nicht nur Wissenschaftler im Labor gewesen war, sondern Erfahrungen in der praktischen Landwirtschaft hatte, ebenso wie seine Frau

Hanna.

Neu-Buslar ist ein Gutsbezirk (damals mit ca. 350 Einwohnern), 25 Kilometer südlich von Belgard in der damaligen preußischen Provinz Pommern gelegen, der nächste größere Ort mit Schulen und der Verwaltung ist Bad Polzin. Die Stadt war ein Kurbad, das seit dem 18. Jahrhundert Kurgäste mit Heilwasser und Moorbädern anzog, und verströmte mit seinen stattlichen Kliniken und Kurhotels eine gewisse Mondänität – sogar die preußische Königin Luise hatte dort gekurt.[87]

Das Gut Neu-Buslar hatte vorher einer jüdischen Familie aus Bad Polzin gehört, und deshalb stellt sich sofort für jeden, der die Chronologie des „Dritten Reiches" ein wenig kennt, die Frage: Hat hier Hans Lembke, und mit ihm Tochter und Schwiegersohn, von einer „Arisierung" profitiert? Als „Arisierung" oder „Entjudung" bezeichneten die Nationalsozialisten (und damit auch später Historiker) den erzwungenen Verkauf von jüdischem Besitz und Vermögen, wodurch „arische" Käufer wesentlich billiger als unter normalen Umständen oder gar umsonst an jüdischen Besitz gelangten. Es handelte sich also im Extremfall um die entschädigungslose Enteignung jeder Art von Sachwerten: um Immobilien, Arztpraxen, Läden, Fabriken, Betriebe, Gemälde und Kunstgegenstände, wertvolle Wohnungseinrichtungen und letztlich auch um landwirtschaftlichen Grundbesitz: Acker-, Weide- und Forstland mit den entsprechenden Wohngebäuden, Ställen und Scheunen.[88]

---

[87] Wikipedia, Artikel: Połczyn-Zdrój, Lesedatum 17.8.2014.
[88] Siehe Angela Verse-Herrmann: Die „Arisierungen" in der Land- und Forstwirtschaft 1938-1942. Stuttgart 1997.

Der Kauf von Neu-Buslar ist ein Musterbeispiel dafür, wie wichtig es ist, den historischen Kontext möglichst chronologisch exakt und sachlich genau mit zu berücksichtigen. Und man kann hier studieren, wie sich durch verschiedene Quellen eine unterschiedliche Bewertung vom Geschehen ergeben kann.
Deshalb soll im Folgenden zunächst ein allgemeines Bild der Situation von jüdischen Landwirten im Deutschen Reich und des Problems der „Arisierung" gezeichnet werden. Dann können die zwei verschiedenen Quellen, die uns zur Verfügung stehen, zum konkreten Vorgang befragt werden.

Juden in der Landwirtschaft und die „Arisierung"
landwirtschaftlichen Besitzes

Entgegen der verbreiteten Vorstellung, dass Juden ausschließlich als Händler, Bankiers und in intellektuellen Berufen in Deutschland gearbeitet haben, gab es seit Jahrhunderten sowohl jüdische Bauern als auch Besitzer von verpachteten landwirtschaftlichen Betrieben, allerdings in geringen Zahlen. Nur 1,5% der deutschen Juden waren 1895 in der Land- und Forstwirtschaft tätig, für 1925 lagen die Zahlen zwischen 1,4% und 1,9%. In diesen Zahlen wird nicht zwischen Erwerbstätigen in der Landwirtschaft und den Besitzern von landwirtschaftlichem Gütern unterschieden. Während die Zahl der jüdischen landwirtschaftlichen Angestellten sehr gering war, war die Rolle von jüdischen Besitzern schon größer. Sehr viel bedeutender jedenfalls war ihr Anteil im Bereich des Viehhandels: Regional sehr unterschiedlich erreichte ihr Anteil 60% bis 95% der Händler. Auch in anderen landwirtschaftlichen Geschäftsbereichen – Saatguthandel, Landmaschinenverkauf – waren Juden in größeren Zahlen tätig.[89]

Alle Arten von „Arisierung" wurden gesetzlich-legal erst nach dem 9. November 1938 durchgeführt, das gilt also auch für die „Arisierung" von land- und forstwirtschaftlichen Betrieben. Die Verdrängung der jüdischen Bevölkerung aus dem Wirtschaftsleben zugunsten der „Arier" begann jedoch in vielfältigen Formen bereits 1933, beginnend mit dem „Boykotttag" am 1. April 1933 gegen jüdische Geschäfte und dem „Gesetz zur Wiederherstellung des Berufsbeamtentums" vom 7. April 1933. Für die jüdischen Bauern war der erste wichtige Unterdrückungsschritt das „Reichserbhofgesetz" vom September 1933.[90]

Gemäß der NS-Ideologie von „Blut und Boden" wurde die Landwirtschaft als Grundlage des Volkes angesehen, und deshalb sollten die Landwirte, die generell in einer schwierigen wirtschaftlichen Situation waren, staatlich geschützt werden.

Das geschah dadurch, dass die Höfe, die zwischen 7,5 und 125 ha Land umfassten, zu „Erbhöfen" erklärt werden sollten. Eine Bedingung war „arische" Abstammung des Besitzers (durch Taufscheine nachgewiesen zurück bis zum Jahr 1800) und „Ehrbarkeit" – eine schwammige, weit auslegbare Bezeichnung für Qualitäten aller Art eines Landwirts. Dem Erbhofbesitzer wurde die Bezeichnung „Bauer" als quasi Ehrenbezeichnung erlaubt, die anderen blieben „Landwirte". Die Bauern erhielten

---

[89] Alle Angaben nach Verse-Herrmann: „Arisierungen", insbesondere S. 21-32.
[90] Ausführlich zu Entstehung und Wirkung des Reichserbhofgesetzes bei Grundmann: Reichserbhofgesetz.

Privilegien, z.B. bevorzugte Belieferung mit raren Gütern oder vereinfachte Bankkredite. Der Hof durfte nicht mehr verkauft oder mit Hypotheken belastet werden und musste grundsätzlich nach Anerbenrecht als Ganzes vererbt werden.

Man kann diese Regelungen als Ausweg aus der Agrarkrise vom Ende der 20er Jahre verstehen, als Schutz vor den existenzgefährdenden Schulden, die zu zahlreichen Bankrotten und Zwangsverkäufen geführt hatten. Allerdings verloren die Bauern auch die Verfügungsgewalt über ihren Besitz und das Gesetz führte zu wirtschaftlichen Problemen für die jüngeren Geschwister des Erben. Diese Nachteile hatten zur Folge, dass sich nur etwa 30% aller Landwirte zu Erbhofbauern erklären ließen. Dabei sind die regionalen Unterschiede sehr groß, da das traditionelle Erbrecht in Süddeutschland die Teilung vorschrieb, also hier eine völlig neue Regel eingeführt wurde, gegen die sich die Bauern wehrten.[91]

Das Reichserbhofgesetz ist das Beispiel, wie bereits vor den Nürnberger Gesetzen 1935 die Definition des Ariers zum ersten Mal in ein Gesetz eingeführt wurde. Indirekt betraf das auch alle Geschäftspartner, da ein Erbhofbauer bestraft werden konnte, wenn er weiterhin Geschäftsbeziehungen zu Juden pflegte. Er gefährdete damit seine „Ehrbarkeit" im oben definierten Sinne. Für alle Juden, die mit Landwirtschaft zu tun hatten, waren die Auswirkungen also beträchtlich.

Eine wichtige weitere Etappe stellten die Nürnberger Gesetze vom September 1935 dar, die allerdings nur die staats- und

---

[91] Siehe Grundmann: Reichserbhofgesetz S. 115f. und Verse-Herrmann: „Arisierungen" S. 33 und S. 44f.

eherechtliche Stellung der Juden betrafen. Die Rechte des deutschen „Reichsbürgers" wurden an „arisches" oder „artverwandtes Blut" gebunden, Juden wurden Einwohner zweiter Klasse. Für ihre konkrete Lebenssituation sind insbesondere die fast 250 sich daraus ableitenden juristischen Verfügungen wichtig geworden, lauter Einzelbestimmungen, die zur vielfältigen Ausgrenzung von Juden aus der Gesellschaft führten.

Wirtschaftlich gesehen galt formal kein Sonderrecht. Trotzdem kann man feststellen, dass bis Mitte 1938 bereits fast 60% der Industrie- und Dienstleistungsbetriebe in jüdischem Besitz liquidiert oder „arisiert" worden waren, da der gesellschaftliche Druck ständig wuchs und Juden zur Auswanderung veranlasste – ein vom NS-Staat bewusst angestrebter Effekt.[92]

Erst im Laufe des Jahres 1938 wurde die „Arisierung" mit Einzelgesetzen vorbereitet und formal-legal geregelt.[93] In mehreren Schritten wurde ab April 1938 gesetzlich festgelegt, dass die jüdischen Vermögenswerte amtlich registriert werden mussten. Die Pogrome des 9. November 1938 waren dabei nur ein Faktor der Radikalisierung und Beschleunigung, sie waren keine Auslöser oder gar Ursache. Im Prinzip waren alle Vorbereitungen und passenden Gesetze vor dem 9. November abgeschlossen. Unstrittig unter Historikern ist der hohe Stellenwert der „Arisierung" in der Kette der antisemitischen Maßnahmen ab 1933, von der Denunziation, Ausgrenzung, Verdrängung aus dem öffentlichen Leben, Vertreibung bis zur Ermordung ab 1941 im Zweiten Weltkrieg. Gestritten wird nur über den Zeitpunkt: Hat

---

[92] Verse-Herrmann, S. 70-73, über den Verkauf vor 1938.
[93] Verse-Herrmann, S. 34ff.

es eventuell nicht-ideologische, praktische Gründe für gerade diesen Zeitpunkt gegeben? In Frage kommt z.B. Finanznot des Staates durch den sehr teuren „Anschluss Österreichs" im März 1938 und der eklatante Devisenmangel der Reichskasse.[94]
Für die land- und forstwirtschaftlichen Grundstücke wurde im Januar 1937 bereits eine Bestimmung eingeführt, die später große Bedeutung bei jedem Verkauf von landwirtschaftlichem Besitz bekommen sollte: die „Grundstücksverkehrsbekanntmachung". Sie diente der staatlichen Kontrolle von jedem Verkauf von Landbesitz, zunächst nicht speziell dem Kauf oder Verkauf durch Juden.
Für alle jüdischen Vermögen galt dann Görings Verordnung vom 26. April 1938 zur „Anmeldung des Vermögens von Juden". Bis Ende November 1938 wurde ein Gesamtvermögen von 7.123 Mrd. Reichsmark, davon 134,5 Mio. Reichsmark aus land- und forstwirtschaftlichem Besitz angegeben.
Am 12. November 1938 dann wurde die Enteignung der deutschen Juden durch die Verordnung „zur Ausschaltung der Juden aus dem deutschen Wirtschaftsleben" offiziell gesetzlich geregelt, was insbesondere für Industrie und Gewerbe galt. Am 3. Dezember 1938 regelte die „Verordnung über den Einsatz des jüdischen Vermögens" minutiös Formulare, Fristen, Kosten, Meldungen, Sonderabgaben etc. beim Zwangsverkauf von jeder Art jüdischen Vermögens, also auch des landwirtschaftlichen Besitzes.[95] Bis 1942 sind praktisch drei Viertel des landwirtschaftlichen Besitzes von Juden im Gesamtwert von 51 Mio.

---

[94] Verse-Herrmann, S. 38f.
[95] Verse-Herrmann, S. 49ff.

Reichsmark „arisiert" worden, ein deutliches Zeichen der Dumpingpreise der Verkäufe, im Vergleich zu den zuvor registrierten Vermögenswerten. Zu diesem Zeitpunkt hatte aber kein Jude mehr Verfügungsgewalt über seinen Besitz.[96]

Für den Kauf von Neu-Buslar ergeben diese Ausführungen über „Arisierungen": Das Gut wurde zwei Jahre, bevor es amtlich-gesetzliche NS-Regelungen zum Zwangsverkauf gab, von Hans Lembke erworben – die Transaktion fällt nicht unter diesen Begriff. Dass die Sache trotzdem nicht so einfach ist, wird sich zeigen, wenn man den konkreten Ablauf des Kaufes betrachtet.

Die Romanversion

Wie es dazu kam, dass das landwirtschaftliche Gut Neu-Buslar überhaupt zum Verkauf stand, ist Thema – eines von vielen – in einem Roman geworden, in Roman Fristers „Ascher Levys Sehnsucht nach Deutschland". Erzählt wird die Geschichte der jüdischen Familie Levy von Mitte des 19. Jahrhunderts, als der Urvater Ascher Levy aus Osteuropa einwanderte, bis zur Vertreibung aus Deutschland in den 1930er Jahren. Der Autor Roman Frister (1928-2015) ist ein polnischer jüdischer Journalist, der als Jugendlicher den Holocaust überlebt hatte und in den 50er Jahren nach Israel auswanderte. Er berichtet diese Familiengeschichte nach authentischen Dokumenten, die er in einem Koffer auf dem Trödelmarkt in Jaffa gefunden habe. Der Verkauf des Gutes Neu-Buslar ist nur eine winzige Episode am Rande der Haupterzählung, jedoch erhält sie im Roman eine Scharnierstelle

---
[96] Verse-Herrmann, S. 147.

als Beginn der Arisierung, die die Familie Levy ihres Besitzes beraubte.

Der Roman stellt folgende Geschichte dar: Die Familie des Ascher Levy siedelte sich ab Mitte des 19. Jahrhunderts in Bad Polzin an. Zum Familienvermögen gehörten das Gut Neu-Buslar, einige Sägewerke, ein Kalkwerk in Gramentz und Beteiligungen an weiteren Firmen. Leo und Siegfried Levy, die beiden ältesten Söhne von Bernhard Levy, Sohn des Ascher Levy, wurden testamentarisch nach dem Tod Bernhard Levys im Jahr 1921 als Geschäftsführer eingesetzt. Als Verhandlungsführer und Hauptakteur in Familiensachen erscheint immer Leo Levy, der älteste Enkel Ascher Levys.[97]

Dann kam 1933 das „Reichserbhofgesetz", das landwirtschaftlichen Besitz bis 125 ha zu Erbhöfen machte; der Besitzer eines Erbhofes musste Arier sein – so die Darstellung Fristers.[98] Leo Levy musste also verkaufen, ein Rechtsanwalt Zubke aus Köslin, Spezialist in Verhandlungen dieser Art, übernahm die Vertretung seiner Interessen. Als Datum kann man nach dem Kontext im Roman den Herbst 1933 annehmen – der Verkauf von Neu-Buslar wird als die erste „Arisierung" des Vermögens der Erbengemeinschaft Levy dargestellt, danach kam das Kalkwerk Gramentz, die in den Februar 1934 datiert ist. Die Verhandlungen endeten mit „einer Entschädigungszahlung für Neu-Buslar, die

---

[97] Wir beschränken uns hier auf diesen Erzählstrang, Frister verfolgt auch die Lebenswege der Geschwister Leo Levys, Siegfried, Ernst, Ida und Lina, sowie des Vetters Rudolf Levy, der als Maler des Expressionismus einigen Erfolg hatte.
[98] Wie man sieht, stimmt diese Version Fristers nicht mit den juristischen Bestimmungen des Reichserbhofgesetzes überein.

unter den gegebenen Umständen noch als angemessen durchgehen konnte".[99]

Lange dachte ich, dies sei eine Aussage über den Kaufpreis, den Hans Lembke an den jüdischen Vorbesitzer zahlte. Aber die Daten und andere Details der Fristerschen Darstellung stimmen nicht mit der historischen Realität überein.

Erstens: Leo Levy im Buch wurde bereits 1933/34 gezwungen, Neu-Buslar zu verkaufen, Hans Lembke kam aber erst im Frühjahr 1936, also gut zwei Jahre später, in die Lage, ein weiteres Gut für die Saatzucht zu kaufen, als sich nämlich plötzlich eine solche Notwendigkeit durch die Entlassung seines Schwiegersohns ergab.

Zweitens: Frister selbst, den ich Anfang 2009 schriftlich befragen konnte, betonte, dass die Verhandlungen „nie und nimmer direkt" mit Hans Lembke geführt worden seien, sondern mit NS-Kreisbehörden als „Zwangsgeschäftspartner(n)". Er habe „keine Ahnung, wie das zwangsenteignete jüdische Vermögen später in die Hände von neuen Besitzern" gelangt sei.[100] Im Kaufvertrag ist aber Hans Lembke als anwesender Käufer direkt genannt.

Und drittens – dies wurde oben deutlich – war zwar das Reichserbhofgesetz von 1933 der Beginn der Diskriminierung von Juden, die landwirtschaftlichen Besitz hatten, aber so unmittelbar als gesetzlicher Zwang zum sofortigen Verkauf wirkte sich das Gesetz nicht aus.[101]

---

[99] Frister: Ascher Levy, S. 288.
[100] Alle Zitate aus dem Antwortbrief von R. Frister an C.T. vom 12.3.2009 (Privatarchiv).
[101] Aufschlussreich für die bedrängte Situation der jüdischen Geschäftsleute ist eine von Frister sehr ausführlich zitierte Niederschrift von Leo Levy über die

Der Kaufvertrag vom 26. Mai 1936

Zufälliger- und glücklicherweise sind Quellen objektiver Art erhalten geblieben, die Licht in die erwähnten Ungereimtheiten bringen können. Im Nachlass von Rudolf Schick hat sich die Kaufurkunde von Neu-Buslar erhalten, mit allen Namen, Daten und Summen im Original.

Im Einzelnen bestimmt der Kaufvertrag[102] Folgendes: Als Verkäufer wird die Erbengemeinschaft von Bernhard Levy genannt, der 1920 gestorben war. Es sind die fünf Kinder des Bernhard Levy: die Geschwister Dr. Leo Levy (Polzin), Lina Hamburger, geb. Levy (Berlin), Dr. Ernst Levy, Siegfried Levy und Katharina Levy, geb. Levy (Berlin). Diese Erbengemeinschaft möchte jetzt das Gut Neu-Buslar zum Zweck der Erbauseinandersetzung und der Liquidierung der gemeinsamen Firma Ascher Levy verkaufen.

Anwesend waren bei der Kaufverhandlung am 26. Mai 1936 außer dem Notar Dr. Walter Zubke vier Personen: Dr. Leo Levy (Bad Polzin), Dr. Alfred Hamburger (Ehemann von Lina, geb. Levy, Berlin), Gutsbesitzer Dr. h.c. Hans Lembke (Malchow) und die Witwe Katharina Levy, geb. Levy (Berlin). Die übrigen Geschwister hatten jeweils Vollmachten zu ihrer Vertretung ausgestellt. Verhandlungsführer und später auch Korrespondenzpartner von Hans Lembke war Leo Levy.

Die Urkunde: Die Grundstücke tragen die Bezeichnung Buslar-

Verhandlungen zum Zwangsverkauf des Gramentzer Kalkwerks am 10. Februar 1934. Hier wird unmittelbarer Druck vom Kreisbauernführer Klix ausgeübt (S. 288-291). Die Verhandlungen über Neu-Buslar werden von Frister mit diesen Aufzeichnungen verwechselt.

[102] BA Nachlass 2515/64 Rudolf Schick

Gutsbezirk (Blatt 2, 3, 6 und 7) und Buslar-Dewsberg, dazu kam Jagertow, wohl im alleinigen Besitz von Leo Levy, insgesamt 262,61 ha. Das Kaufdatum ist der 26. Mai 1936. Der Kaufpreis beträgt 175.000,- Goldmark (1 Goldmark wird als mindestens 1 Reichsmark, entsprechend 1/2790 kg Feingold gerechnet).[103] Die Zahlungsweise ist detailliert aufgeführt: in bar sofort 75.000 GM, die restlichen 100.000 GM z.T. als Hypothek (ca. 16.000 RM); der Restkaufpreis wird dem Käufer gestundet: 50.000 GM mit 5% p.a. verzinst, die restlichen 34.000 GM mit 4% p.a. Diese Summe von 84.000 RM wurde als Hypothek auf das Gut Neu-Buslar zugunsten der Erbengemeinschaft gutgeschrieben, d.h. die Verkäufer stundeten dem neuen Besitzer einen erheblichen Teil der Kaufsumme, sie verzichteten auf die sofortige Zahlung. Der Betrag sollte erst ab 1. Juli 1943 mit jährlichen Raten von 5.000 RM getilgt werden.

Auf der Suche nach Vergleichsmaßstäben – waren 175.000 Goldmark ein „angemessener" Preis? – habe ich zunächst nur die Umrechnung von Goldmark/Reichsmark in heutige Eurobeträge gefunden – damalige Beträge mit 4 multipliziert: Das ergäbe ca. 700.000 €.

Zur näheren Überprüfung der Frage hat sich dankenswerterweise der Spezialist für Land- und Forstwirtschaftliche Immobilien Hans-Hermann Braun mit Hilfe der vorhandenen Quellen und weiteren Auskünften aus Archiven und aus der Fachliteratur kundig gemacht. Er beziffert in seinem achtseitigen Gutachten den Wert des 262 ha großen Gutes mit 492.600 RM. Diese

---

[103] Ich danke meiner Kusine Sabine Marth (geb. Schick) für die Zusammenarbeit im Bundesarchiv in Berlin.

Summe ergibt sich aus den Hinweisen in den Quellen auf den Wert der Wohn- und Wirtschaftsgebäude, der Vorräte, des Viehs, des Maschinenparks sowie des Mitarbeiterstamms, der Bodengüte etc. und aus den Angaben für Einheitswerte der damaligen Behörden. Der Kaufpreis lag mithin erheblich unter diesem Wert. Den Grund sieht der Gutachter in der damaligen Marktsituation zwischen Angebot und Nachfrage, die den Käufer sehr begünstigte. Dafür, dass es sich um einen marktbestimmten Preis handelt, spricht u.a., dass ein Makler eingeschaltet wurde, der schon im eigenen Interesse den besten Kaufpreis zu erlangen suchen musste, da seine Provision von 3% davon abhängig war.[104] Auch ein analoger Fall aus der Zeit nach 1930 in Pommern, in dem für ein Gut von ca. 500 ha für 450.000 RM den Besitzer wechselte, spricht dafür. Die enorme Verschuldung[105] zwang viele Besitzer zum Verkauf, so dass es zu einem Überangebot an landwirtschaftlichen Immobilien auf dem Markt kam. Es kommt hinzu, dass Neu-Buslar bis in den Krieg hinein ein Verlustgeschäft war und erhebliche Summen für Reparaturen und Instandhaltung aufgebracht werden mussten.[106] Daraus könnte man schließen, dass der Betrieb in keinem guten Zustand war – nicht verwunderlich, wenn die Besitzer keine Zukunft in Deutschland mehr sahen.[107]

---

[104] Wortlaut des Wertgutachtens vom März 2015 im Anhang.
[105] Siehe oben zur Situation der Landwirtschaft in den zwanziger Jahren, von der auch Malchow betroffen war.
[106] Dies bezeugen die regelmäßigen Jahresabrechnungen des Lembkeschen Gesamtbetriebes in der Akte 10.26-2 Landwirtschaftlicher Treuhandverband Mecklenburg GmbH (Landeshauptarchiv Schwerin).
[107] Auch der niedrige Einheitswert im Wertgutachten würde für einen hohen Investitionsbedarf sprechen, S. 6.

Interessant sind die Ausführungen des Gutachters zu den Zahlungsmodalitäten. Die Stundung eines großen Teils des Kaufpreises sei damals nicht unüblich gewesen, da sie niedrigere Zinsen durch Umgehung der Banken ermöglichte. Voraussetzung allerdings war – trotz Absicherung im Grundbuch – dass der Käufer als vertrauenswürdig und als „honorige Person" anerkannt war – was offensichtlich hier der Fall war.[108]

Für die Levys war der Verkauf von Neu-Buslar ein wichtiger Schritt zur Liquidierung des Familienbesitzes, da alle Familienmitglieder, mit Ausnahme von Leo Levy und seiner Frau Else, entschieden hatten auszuwandern.[109] Jeder erhielt seinen Anteil, um damit seine Emigration zu finanzieren. Den meisten gelang es rechtzeitig aus dem Machtbereich der Nationalsozialisten zu entfliehen. Nur drei Familienmitglieder entgingen nicht der Verfolgung: Lina Hamburger und ihr Ehemann Karl sowie Leo Levy wurden ermordet[110].

Zusätzlich zu dem Text des Kaufvertrages findet man in der Akte weiteres interessantes Material[111] – nämlich den Briefwechsel zwischen Hans Lembke und Leo Levy, durch den die weiteren sehr guten und spannungsfreien Geschäftsbeziehungen zwischen beiden dokumentiert werden. Die Übergabe funktionierte reibungslos – Hans Lembke übernahm das Gut mit allem toten und lebenden Inventar, „wie es steht und liegt". Leo Levy

---

[108] Wertermittlung von H.H. Braun, S. 8.
[109] Ich folge hier wieder der Darstellung von Roman Frister.
[110] Frister schildert im Epilog, S. 361-364, die weiteren Lebenswege der einzelnen Familienmitglieder. Lina und Karl Hambacher wurden im KZ Theresienstadt ermordet, zu Leo Levy siehe die nächste Seite.
[111] BA N 2515/64.

bestätigte am 27. Mai 1936 schriftlich die mündlichen Absprachen, die offenbar am Vortag bei Verkaufsabschluss verabredet wurden, bezüglich der Behandlung der Saatkartoffeln mit Kalisalz und Schwefelammoniak; am 9. Juli 1936 erhielt Leo Levy die Summe von 3.154,53 RM, um die notwendigen Wirtschaftsausgaben zur reibungslosen Weiterarbeit des Betriebes zu begleichen. Ein Jahr später betonte Levy, dass er sich bei einem Besuch in Neu-Buslar gefreut habe, was alles schon geschaffen worden sei. Auch solch eine Bemerkung lässt darauf schließen, dass das Gut beim Verkauf nicht mehr im besten Zustand gewesen war.

Im Laufe der nächsten Jahre bemühte sich Hans Lembke sehr darum, die Hypothek der Erbengemeinschaft Levy durch eine Umschuldung abzulösen. Ende Juni 1938 löste er eine Hypothek über 10.000 RM direkt ab und überwies die Summe an Leo Levy. Parallel dazu fand er für eine Umschuldung der größeren Summe einen geeigneten Partner: die Pommersche Provinzialkasse – eine Versicherung – war bereit die Hypothek über 84.555 RM auf Gut Neu-Buslar zu übernehmen und zahlte am 10. Mai 1938 die Summe von 70.000 RM an Leo Levy aus. Die neue Schuldverschreibung sollte bis 1948 in vierteljährlichen Raten mit Zinsen getilgt werden.[112]

Den Grund für diese Änderung findet man im Briefwechsel zwischen Käufer und Verkäufer. Denn Hans Lembke schrieb am 29. Juni 1938 an Levy:

---

[112] Wie lange Hans Lembke Zinsen und Tilgung bezahlt hat, ist unbekannt; spätestens ab dem Frühjahr 1945 wird allerdings die Pommersche Provinzialkasse nicht mehr existiert haben.

> (...) Ich habe aus unseren Unterhaltungen entnommen, dass es Ihnen erwünscht ist, möglichst bald Ihr Kapital aus Neu-Buslar herauszuziehen.

Leo Levy antwortete postwendend am 6. Juli 1938:

> Mit Ihrer Mutmaßung, daß Sie mit der vollen Rückzahlung dem Wunsch meiner Geschwister entgegengekommen sind, haben Sie Recht und namens meiner Geschwister danke ich Ihnen bestens dafür.

Ohne es auszusprechen, gab Hans Lembke also zu verstehen, dass er auf die bedrängte Situation der Verkäufer Rücksicht nehmen wollte, und Leo Levy bestätigte ihm die Richtigkeit seiner Vermutung.

In Leo Levys Formulierungen wird außerdem die unterschiedliche Einschätzung der Situation im Jahre 1938 der Familienmitglieder deutlich: Seine Geschwister wollten emigrieren, bzw. befanden sich bereits im Ausland und brauchten deshalb das Geld flüssig – Leo Levy dagegen blieb in Deutschland. Beklemmend ist die Erkenntnis im Nachhinein, dass dies eine fatale Fehlentscheidung war: Leo Levy wurde im Verlaufe des Pogroms in Bad Polzin in der Nacht des 9. November 1938 von SA-Leuten ermordet.

Es erscheint mir offensichtlich: Der Kauf des Gutes Neu-Buslar durch Hans Lembke im Frühsommer 1936 kann nicht als „Arisierung" im technisch-bürokratischen Sinn bezeichnet werden. Bis November 1938 vollzogen sich Kauf und Verkauf von landwirtschaftlichem Besitz innerhalb des geltenden Rechts unter Marktbedingungen, allerdings in einem „allgemein judenfeindlichen Klima", d.h. es war ein Käufermarkt[113], durch den historischen Zufall befand sich Hans Lembke auf der bevorteilten Seite.

Bedenkt man wiederum, dass es den Geschwistern Levy um einen möglichst schnellen Verkauf gehen musste, findet man auch von ihrer Seite ein bemerkenswertes Entgegenkommen, indem sie die Stundung eines großen Teils der Kaufsumme akzeptierten, was dem Käufer Hans Lembke die Finanzierung erheblich erleichterte und seine Zinszahlungen erniedrigte. Im Gegenzug hat er sich aber auch um eine baldige Umschuldung gekümmert, die es ermöglichte, dass das Levysche Kapital liquide gemacht werden konnte und damit die Emigration der Familienmitglieder erleichterte. Letztlich haben also beide Seiten in der gegebenen Situation profitiert. Dass aber die Familie den ererbten Besitz verkaufen musste, lag an der antisemitischen Ausgrenzungspolitik der Nationalsozialisten, die Juden mit allen Mitteln zur Auswanderung zwingen wollten. Unter normalen Umständen hätte die Familie weiter das Gut Neu Buslar bewirtschaftet, und Hans Lembke hätte ein anderes Gut suchen und es wohl um einiges teurer bezahlen müssen.

---

[113] Verse-Herrmann, „Arisierungen" S. 72.

Ostgebiete I: Pläne für den Warthegau

Der zweite Recherchepunkt, wie einleitend erläutert, bezieht sich auf Hans Lembkes Kaufabsichten, bzw. Pachtverträge, die in die Zeit des Zweiten Weltkriegs gehören, „Ostgebiete" I und II habe ich sie genannt, wobei das Kapitel Ostgebiete I sehr viel kürzer ausfällt als die Darstellung von Ostgebiete II. Um beide Vorhaben und insbesondere ihre Unterschiede zu verstehen, muss man sich die Geschichte der militärischen Besetzung der polnischen und sowjetischen bzw. litauischen Gebiete vergegenwärtigen. Es geht wiederum darum den Referenzrahmen zu verstehen, innerhalb dessen sich die damaligen Entscheidungen von Hans Lembke abspielten.

Nach Eroberung des Westteils des polnischen Staatsgebiets im September 1939 begannen die NS-Pläne für die „Eindeutschung" oder „Germanisierung". Historisch gesehen hatte dieser Teil mit seiner Hauptstadt Posen (Poznan) seit der dritten polnischen Teilung 1793 zu Preußen gehört: Provinz Posen, oder Südpreußen genannt. Sprachlich-kulturell-national gesehen lebten in dem Gebiet eine knappe Mehrheit Polen (1910): In der Stadt Posen waren von 157.000 Einwohnern 57% Polen, 43% Deutsche, auf dem Land soll der Anteil der Polen höher gewesen sein.[114] Durch den Versailler Vertrag 1919 wurde dieser Teil Preußens dem neuen Nationalstaat Polen zugeschlagen. Die militärische Eroberung konnte also als Revision des Versailler Vertrages verstanden werden.

---

[114] Angaben nach: http://de.wikipedia.org/wiki/Posen#cite_note-4, Lesedatum 26.7.2013.

Vordringlich war den Nationalsozialisten neben der Förderung von Kohlevorkommen die landwirtschaftliche Ausbeutung. Die deutsche Besetzung war rücksichtslos und brutal, Historiker rechnen mit insgesamt 20.000 Polen und Juden, die ermordet wurden Parallel dazu wurden Polen und Juden deportiert und ausgesiedelt. Damit korrespondierend war die „Heimholung" von Volksdeutschen nach Polen geplant.[115] Solche Völkerverschiebungen gehörten in einem weiten Sinne zur NS-Konzeption des „Lebensraums im Osten", die von Hitler in seinem Buch „Mein Kampf" schon 1924 als „Fortsetzung der mittelalterlichen Ostsiedlung" bezeichnet worden war.

Dies war nicht seine originelle Idee, sondern gehört in den Gesamtzusammenhang der imperialistischen Gedankenwelt des späten Deutschen Kaiserreichs und der Kriegszielpolitik des Ersten Weltkriegs. Die gigantischen Umsiedlungspläne ganzer Völker des „Generalplans Ost" von Heinrich Himmler als „Reichskommissar für die Festigung deutschen Volkstums" gaben dem westlichen Polen als „Mustergau Wartheland" eine Modell- und Vorbildstellung. Hier sollte die Politik der Germanisierung ausprobiert werden.[116] Das Konzept erforderte

---

[115] Zum gesamten Zusammenhang siehe Hans Erich Volkmann: Zwischen Ideologie und Pragmatismus. Zur nationalsozialistischen Wirtschaftspolitik im Reichsgau Wartheland, in: Ostmitteleuropa, hrsg. von U. Hauschild, G.W. Strobel u. G. Wagner. Stuttgart 1981, S. 422-441, und Madajczyk, Czeslaw: Die Okkupationspolitik Nazideutschlands in Polen 1939-1945. Westdeutsche Ausgabe: Köln 1988 (polnische Ausgabe Warszawa 1970),S. 441-453.

[116] Eine präzise Zusammenfassung des gesamten Komplexes gibt Markus Roth: Nationalsozialistische Umsiedlungspolitik im besetzten Polen – Ziele, beteiligte Institutionen, Methoden und Ergebnisse, in: Umgesiedelt-Vertrieben, S. 9-21. Zu den verschiedenen Gruppen der Deutschen siehe Krzoska: Volksdeutsche im Warthegau, in: Umgesiedelt – vertrieben, S. 66-82.

riesige Volksbewegungen, jedenfalls in der Theorie. Die Volksdeutschen außerhalb des Reiches sollten „heim ins Reich" geholt werden, die „Fremdvölkischen" dagegen gen Osten abgeschoben. Ziel war ein „rassisch" homogenes Großgermanisches Imperium, d.h. die Vertreibung oder Ermordung der einheimischen „niederen Rassen", der „Untermenschen", an deren Stelle die Deutschen treten sollten. Diese Ideen bedeuteten die Vertreibung von hunderttausenden von polnischen und jüdischen Bauern und Besitzern von Betrieben, damit die „frei" werdenden Betriebe von Deutschen übernommen werden konnten. Als Zielgruppe dachte Himmler in diesem Zusammenhang an Volksdeutsche, die aus den baltischen Staaten, der Ukraine und Weißrussland umgesiedelt werden sollten, und an Reichsdeutsche, vor allem Frontsoldaten nach der Entlassung. Diese Parallelbehandlung funktionierte aber nicht. Für Siedlungsstellen zugunsten von Bauernsöhnen, die den väterlichen Betrieb nicht erben konnten, sei ausreichend Land da gewesen, allerdings unter den Kriegsbedingungen nicht zu realisieren, so der Historiker Volkmann.[117] Er zieht das Fazit, die Eindeutschungspolitik habe im Einklang mit dem Willen der deutschen Eliten zur Revision von Versailles gestanden, Hitler sei als Vollender eines vergessenen geschichtlichen Auftrags – die Deutschen als Schutzwall und Kulturträger im Osten Europas – angesehen worden.[118]

---

[117] So Volkmann: Wirtschaftspolitik im Wartheland, als Bilanz S. 434 f.
[118] Volkmann: Wirtschaftspolitik im Wartheland, S. 440. – Schürmann (Der deutsche Osten ruft. Hamburg 1942) und Aubin (s. Volkmann, FN 59) als zeitgenössische Autoren bestätigen diese Interpretation.

Eine ähnliche Haltung wird auch Hans Lembke gehabt haben: Das „ursprünglich" deutsche Gebiet sei zurückgeholt und der „Schandvertrag" von Versailles berichtigt, die Geschichte korrigiert worden. Der 1919 verlorene Osten Preußens war für alle Deutschen eine offene Wunde, eine noch offene Rechnung, die Ostprovinzen ein Gebiet, das „eigentlich" zu Deutschland gehörte. Darüber hinaus war Osteuropa ein für Saatzüchter interessantes und wichtiges Gebiet. Hier herrschten klimatische Bedingungen, die zur Selektion geeigneter Pflanzen mit passenden Eigenschaften geradezu einluden. Nicht die milden Winter und sonnenreichen Sommer des Südens und Westens, sondern das harte Klima der strengen und langen Winter und kurzen Wachstumsperioden in Osteuropa ergab die richtige Umwelt zur Saatzucht von Kartoffeln und Wintergetreide.

Das sah auch der NS-Staat so. Hans Lembkes Engagement in der Saatgutlieferung wurde von Staats wegen anerkannt: Ausdrücklich wurden die deutschen Saatzüchter gelobt, die für das Saatgut gesorgt hätten, das im Warthegau die kriegswichtigen „Erzeugungsschlachten" geschlagen habe.[119]

In einem Brief am 20. Februar 1941 an die Landesbauernschaft Danzig-Westpreußen – gleichlautend an die analoge Stelle im Wartheland – begründete Hans Lembke also sein Interesse an der Übernahme eines landwirtschaftlichen Betriebes.[120] Mit Bezug auf Aufforderungen der Reichsregierung bot er hier an, in den

---

[119] Schürmann 1942, S. 75.
[120] A Malchow, 0060, Landesbauernschaften, Schriftwechsel 1934-1945: Band 2. Landesbauernschaft Danzig – Westpreußen, Schreiben vom 20.2.1941, Durchschlag und handschriftliches Konzept für gleichlautenden Brief an Landesbauernschaft Wartheland.

„neuen Ostgebieten" eine Zweigstelle seiner Saatzucht einzurichten. Er schlug verschiedene Futterpflanzen (u.a. Deutsches oder Welsches Weidelgras, Serradella, Winterraps) und Kartoffeln zur Zucht vor. Ein Landwirtschaftsrat Geyer habe ihm verschiedene Kreise in Westpreußen, bzw. im Wartheland vorgeschlagen, z.B. Pr. Stargard, Tuchel oder Kolmar und Scharnikau.

Es findet sich keine Antwort des Landwirtschaftrats in diesem Ordner der Korrespondenz. Aber es ist mit meinen anderen Quellen möglich, den biographischen Zusammenhang dieser Anfrage zu rekonstruieren.

Die Vorgeschichte sähe folgendermaßen aus: Hans Lembke war Anfang Februar 1941 in Neu-Buslar, auf dem Hof von Tochter Hanna und Schwiegersohn Schick, zur Feier der Taufe von Enkelin Ursula und diskutierte dort offenbar lebhaft mit Sohn und Schwiegersohn die Möglichkeiten, die das neue Ostgebiet bot.

Denn seine Tochter Gertrud schrieb an ihren Mann Walter J. Schröder zwei Tage nach der Taufe aus Neu-Buslar, also wohl am 4. Februar 1941:

> Vati und Rudolf und Adolf haben einen großen Teil dieser Tage beim Kartenstudium des Warthegaus zugebracht. Vati war sehr aufgeräumt – er fährt zu wichtigen Besprechungen nach Berlin, wo er sich eine Verbesserung der Futterpflanzensamenpreise erwartet und erhofft. Danach soll es gleich nach Posen gehen, aber natürlich erst zu Vorbesprechungen mit der Landesbauernschaft. Bis es

wirklich zum Ankauf kommt, wird wohl noch viel Zeit vergehen.[121]

Sind das die Pläne zum Kauf eines Landwirtschaftsbetriebs für den jüngsten Sohn Adolf?

Ein Taschenkalender von Hans Lembke des Jahres 1941 zeigt folgende wörtlichen Stichworteinträge (kursiv dazwischen das Datum des zitierten Briefes):

> 2. 2. Taufe in Neu-Buslar
> 3. 2. R D P (Reichsverband der deutschen Pflanzenzüchter)
> *4. 2. Brief von Gertrud an Walter J. Schröder*
> 5. 2. Beirat (Sitzung im Reichsverband)
> 6. 2. Tagung
> 7. 2. Tagung für Fabrik
> 13. 2. Forschungsdienst Ostfragen
> 14. 2. Forschungsdienst
> 15. 2. aus Berlin zurück
> 20. 2. Brief von Hans Lembke an die Landesbauernschaft Danzig (siehe oben)

Sollte also das oben zitierte Schreiben ein Ergebnis des Besuchs in Berlin und der mündlichen Besprechungen dort gewesen sein? Kann man sich vorstellen, dass der im Brief vom 20. Februar erwähnte Beamte Geyer in Berlin ihm den Rat gegeben hatte, einen schriftlichen quasi offiziellen Antrag zu stellen? War er noch nicht selber in Posen, sondern hatte in Berlin versucht, die Voraussetzungen für ein Engagement im Warthegau zu klären?

---

[121] Briefordner im Nachlass, CT Privatarchiv.

Oder war er von Berlin aus die ca. 270 km nach Posen gefahren und kam deshalb über Berlin am 15. Februar wieder zurück?
Um an den historischen Kontext des Februar 1941 zu erinnern: Der Angriff auf die Sowjetunion hatte noch nicht stattgefunden. Große Teile Europas waren von deutschem Militär besetzt, die Pläne für ein „deutsches Europa" blühten in allen deutschen Beamtenstellen. Erst im Juni 1941 begann der Angriff auf die Sowjetunion. Es konnte für Zeitgenossen für kurze Zeit so aussehen, als handele es sich jetzt in einem deutsch beherrschten Europa bereits um dauerhafte „Friedensgrenzen", die ein finanzielles Engagement möglich und sinnvoll erscheinen lassen.
Die weitere erhaltene Korrespondenz mit der Landesbauernschaft Posen beginnt im Dezember 1941 und enthält nur Briefwechsel wegen der Vermehrer-Betriebe und Anerkennung des Saatguts.[122] Immerhin hat Hans Lembke dort Verbindungen mit 25 Betrieben mit insgesamt 228 ha bebauter Ackerfläche, was eine recht ansehnliche Menge ist. Das Wartheland gehörte damit zu den größten Anbaugebieten des Saatzuchtbetriebes Malchow (neben Pommern und abgesehen vom heimischen Mecklenburg). Auf seinen Listen der Vermehrer-Betriebe stehen auch „Ostlandbetriebe", die bereits im Namen den deutschen Staatsbesitz ausdrücken – dass sie nämlich den polnischen Besitzern weggenommen worden waren und in vorübergehend treuhänderische deutsche Verwaltung genommen, bevor „der lebendige Ostwall aus deutschen Bauern" die Landbewirtschaftung übernehmen sollte, wie sich ein zeitgenössischer Autor ausdrückte.[123]

---

[122] AMalchow Korrespondenz mit Landesbauernschaften, Band 6, Nr. 0064.
[123] A.W. Schürmann: Der deutsche Osten ruft! Hamburg 1942, S. 72.

Hans Lembke war nicht der einzige in dieser Lage. Dass mecklenburgische Großgrundbesitzer von staatlichen Stellen zur Bewirtschaftung und Besiedlung der eroberten und besetzten Gebiete aufgefordert wurden, betont der Historiker Mario Niemann mit Bezug auf ein Schreiben vom September 1939 des Schweriner Staatsministeriums, Abteilung Landwirtschaft. Gutsbesitzer wurden aufgefordert, die „von Menschen und Material entblößten Betriebe in den besetzten Gebieten (in Polen)" zu bewirtschaften. Es folgt eine Reihe von Namen von Großgrundbesitzern, die sich im Generalgouvernement und in der Ukraine engagierten.[124] Der „Reichsgau Wartheland", wie er auch genannt wurde, sollte überhaupt eine Art Musterland für nationalsozialistische Ideen werden, ein „Modell der Germanisierungspolitik".[125] Die deutsche Besiedlung und ein „gesundes Bauerntum" spielte dabei eine Hauptrolle.

Hatte Hans Lembke erkannt, dass er nur auf Kosten von enteigneten und vertriebenen, wenn nicht gleich getöteten polnischen oder jüdischen Bauern hier im „neuen Osten" einen Zweigbetrieb erwerben konnte? Hat er bei seinen Besuchen in Posen bei der Landesbauernschaft gesehen, wie menschenverachtend die deutsche Besatzung dort herrschte? Wir haben keinerlei Informationen über weitere Verhandlungen zum Erwerb eines Gutes im Warthegau. Ist es möglich, dass er nicht von der Vertreibung der polnischen Besitzer profitieren wollte? Hat er sich vielleicht deshalb auf die bloße Geschäftsbeziehung der

---

[124] Niemann, Mario: Mecklenburgischer Großgrundbesitz, S. 297-299, aus Quellen des Mecklenburgischen Landeshauptarchivs in Schwerin, Landratsamt Güstrow und Landratsamt Waren.
[125] A. Roth in: Umgesiedelt-Vertrieben, S. 14.

Saatgutvermehrung beschränkt? Mit den vorhandenen Quellen ist keine abschließende Antwort möglich.

Ostgebiete II: Ringuvele und Ringuvenai I und II in Litauen

Bei den Plänen für einen Saatzuchtbetrieb im Warthegau bleiben für uns alle Umstände im Dunkeln – bei der Einrichtung des Saatzuchtgutes in Litauen gibt es dagegen eine erstaunlich dichte Überlieferung, dank der Sorgfalt von Hans Lembke selbst. Die gesamte Korrespondenz die zwei Güter in Litauen betreffend (1942-1944) wurde in zwei Leitzordnern im Jahre 2005 bei Renovierungsarbeiten hinter dem Schornstein auf dem Dachboden des Malchower Hauses gefunden.[126] Offensichtlich hatte man die Ordner bei Kriegsende dort versteckt deponiert – immerhin nicht vernichtet.

Die Eckdaten: Die beiden Güter Ringuvele und Ringuvenai I und II, einige Kilometer nordwestlich von Siauliai (deutscher Name: Schaulen) gelegen, wurden von Hans Lembke von Ende 1942 bis zum Sommer 1944 als Pachtland bearbeitet. Als Mitarbeiter gingen von der Belegschaft in Malchow als Leiter der Saatzüchter Heinrich Burmeister mit Frau und Tochter nach Litauen, außerdem der Chauffeur Otto Soltmann mit Familie, Franz Hoffnung (Hoffmann?) und später ein junger Arbeiter namens Günther Dettloff. Dazu kamen polnische Arbeitskräfte, über die wir nichts Näheres wissen. Zu welchen Hoffnungen ein

---

[126] So die Auskunft von Sabine Brauer, die mir die Leitzordner samt Kopien zu Weihnachten 2008 schickte.

solches Angebot verleitete, wird daraus deutlich, dass Burmeister seinen Sohn aus dem Kriegsdienst requirieren lassen wollte, damit er auf dem Hof mitarbeiten konnte, denn „es könnte eine Lebensstellung für den Sohn werden."[127]

Die allererste Spur zu diesen Betrieben habe ich in den Briefen meiner Eltern während des Zweiten Weltkrieges gefunden, in denen plötzlich dieses fremde Wort Ringuvele auftauchte und im Oktober 1944 von „Vatis Gut im Osten", also als Rückblick, die Rede war. Weitere interessante Briefe dazu befinden sich in den Nachlässen von Rudolf Schick und Hans Lembke im Bundesarchiv, und in der Geschäftskorrespondenz im Archiv Malchow.

Aber um den Gesamtzusammenhang zu verstehen, muss man sich doch zunächst klar machen, welche Bedeutung das eroberte Land Litauen im Zweiten Weltkrieg hatte. Deshalb folgt zum Verständnis dieser Ereignisse ein kurzer Blick in die Geschichte Litauens und der deutsch-litauischen Beziehungen.[128]

Kurze Geschichte Litauens

Zwar gab es im späten Mittelalter einmal ein Großfürstentum Litauen, aber über Jahrhunderte war Litauen Teil der großen Nachbarstaaten – entweder der Adelsrepublik Polen, und dann nach der 3. Polnischen Teilung 1795, des Russischen Zarenreiches. Im Ersten Weltkrieg erlebten die Litauer deutsches

---

[127] BA N 2515/65, Brief HL an RS am 22. 9. 1942.
[128] Ich folge der Darstellung von Christoph Dieckmann: Deutsche Besatzungspolitik in Litauen.1941-1944, 2 Bände, Göttingen 2011 Litauen, Bd. 1, S. 45-112.

Militär ab 1915 bis 1920 als Besatzer. In diesem Zusammenhang hieß das aus ihrer Sicht Befreiung von den Polen und den Russen des Zarenreiches bzw. der Sowjetunion. Der Vertrag von Brest-Litowsk vom 3. März 1918 – der jungen sowjetischen Führung von den siegreichen Deutschen militärisch aufgezwungen – sah eine Reihe von deutsch kontrollierten Satellitenstaaten (Ukraine, Weißrussland bis zu den baltischen Staaten) vor, Russland sollte einen großen Teil seiner Industrieanlagen und ein Viertel seiner Bevölkerung verlieren. Die Niederlage der Mittelmächte im Westen beendete dann schnell diese deutsch dominierte Übereinkunft. Der Versailler Vertrag 1919 hob deren Regelungen auf und bildete osteuropäische Nationalstaaten: Finnland, Polen, die Ukraine, Weißrussland, Litauen, Lettland, Estland.[129] Teile der Ukraine und Weißrusslands wurden jedoch sehr schnell wieder von den Nachbarstaaten Polen und Sowjetunion besetzt, im letzteren Fall zu Sowjetrepubliken erklärt.

Endergebnis des Ersten Weltkrieges war also ein unabhängiger litauischer Staat, der aber nationale Minderheiten auf seinem Territorium hatte: Russen, Polen und Weißrussen, dazu kam eine größere Gruppe Juden.[130] Eine litauische Nation hatte sich als kulturelle Bewegung mit Entwicklung der Sprache und Kultur bereits seit dem späten 19. Jahrhundert gebildet, vorangetrieben von jungen Intellektuellen des Landes.

---

[129] Diese Zusammenstellung dient nur zum Überblick und ist zu grob um den einzelnen Staaten gerecht zu werden.
[130] Zu genauen Prozentangaben muss man zwischen Litauen ohne und mit dem Vilnius-Gebiet – beansprucht von Polen und Litauen – unterscheiden: ohne Vilnius 84% Litauer, mit Vilnius nur 68,9%, aber 13% Polen und knapp 10% Juden. Dieckmann: Litauen I, S. 74.

Bei der deutschen militärischen und politischen Führungsschicht der 20er Jahre entwickelte sich als „Lehre" aus der zunächst siegreichen, dann gescheiterten Inbesitznahme des „Ostens" der Mythos des „Lebensraums im Osten". Damit waren die polnischen Gebiete, die baltischen Staaten und die Westprovinzen Russlands zwischen 1915 und 1920 gemeint. Dieser Mythos verschmolz mit den annexionistischen Ideen der „Kriegszielpolitik" von alldeutschen Kreisen des Kaiserreichs. Die gigantischen Neuordnungs- und Völkerverschiebungsideen der Nationalsozialisten im Zweiten Weltkrieg für Osteuropa bauten auf dieser Mentalität auf.[131] Nur vor diesem Hintergrund sind die NS-Besatzungspolitik in Litauen und die Reaktionen der litauischen Bevölkerung auf die Deutschen zu verstehen.

Das unabhängige Litauen war ein Agrarstaat – 85% der Bevölkerung arbeitete auf dem Lande, die meisten der großen Höfe waren im Besitz von Polen. Eine Agrarreform begrenzte die Größe auf 80 ha und schuf damit Land für Klein- und Mittelbauern.[132] Trotz Agrarreform und steigender Erträge durch eine langsame Modernisierung der landwirtschaftlichen Anbaumethoden setzte jedoch eine Landflucht ein. 1940 fehlten 40.000 Arbeitskräfte. Vor allem die Jugend ging in die Städte, die traditionellen Bindungen in den dörflichen Gemeinschaften lösten sich auf.

Der litauische Staat war zunächst eine Parlamentarische Demokratie, ab 1926 aber ein autoritär gelenktes Militärregime,

---

[131] Dieckmann: Litauen I, S. 70-72.
[132] Dieckmann: Litauen I, S. 75f. Genaue Zahlen zur Entwicklung der Landwirtschaft bis 1940 S. 97-99.

das fast durchgehend bis 1940 mit Kriegsrecht regierte. Außenpolitischer Feind war in erster Linie Polen, wegen des Streits um das Vilnius-Gebiet, da die traditionelle Hauptstadt Vilnius 1920 bei der Grenzziehung vom Nationalstaat abgeschnitten worden war. Der Bezirk wurde 1939 zwischen der Sowjetunion und Litauen geteilt. Der Historiker Dieckmann beschreibt den Staat Litauen der 20er und 30er Jahre als einen Nationalstaat auf der Suche nach seiner Identität, so dass die Abgrenzung gegen die Nachbar- und einstigen dominierenden Staaten Polen und Russland besonders emotional und heftig geriet. Darunter hatte auch die starke jüdische Minderheit zu leiden.

Im Hitler-Stalin-Pakt vom 28. August 1939 hatte zwar zunächst Deutschland Litauen als „sein" Gebiet beansprucht, ab Oktober 1939 erhielt jedoch die Sowjetunion Einflussbereiche, die sie schrittweise vom Vilnius-Gebiet aus nach Westen erweiterte, bis am 15. Juni 1940 die sowjetischen Truppen das Land besetzten und am 3. August 1940 Litauen die 14. Sowjetrepublik wurde. Diese sowjetische Herrschaft dauerte von Juni 1940 bis Juni 1941 und wurde von den Litauern als Besatzung empfunden. Allerdings gab es wohl mehr Zustimmung, als im Nachhinein zugegeben wurde, insbesondere die jüdische Bevölkerung begrüßte die Sowjetbesatzung als eine Möglichkeit der Verbesserung ihrer Lage.[133]

Die Sowjetisierung von Wirtschaft und Gesellschaft bedeutete allerdings die Enteignung von allem Grundbesitz, sowohl der landwirtschaftlichen Güter als auch der Industriebetriebe. So

---

[133] Dieckmann: Litauen I, S. 147-177.

wurde den Bauern der Boden grundsätzlich nur noch zur Pacht überlassen, 10% aller Betriebe wurden völlig enteignet und an landlose Bauern ausgegeben. Es wurde verfügt, dass 30% bis 50% der Ernteerträge abzuliefern seien, was zur Folge hatte, dass die Produktion rapide sank und die Lebensmittelpreise um 30% bis 60% stiegen.

Gleichzeitig begann eine harte Repression der sowjetischen Sicherheitsorgane, die sofort „Sowjetfeinde" und alle politisch Verdächtigen verhafteten und systematisch deportierten. Sowjetische Militärs sprachen von ca. 320.000 Verdächtigen, was jeden 7. Einwohner treffen würde. Höhepunkt waren die Massendeportationen im Mai und Juni 1941, etwa 17.000 Personen wurden verschleppt. Unter diesen war der größte Teil Litauer, aber auch Polen und Juden wurden deportiert. In Anbetracht dieser Willkürherrschaft wundert es nicht, dass der Einmarsch von deutschen Soldaten im Juni 1941 in der Bevölkerung Hoffnungen auf Besserung der Lage weckte.

Der baltische Feldzug der deutschen Wehrmacht

Das war ein krasser Irrtum.
Wie schon der Polenfeldzug im September 1939, so war auch der Krieg gegen die Sowjetunion ab 21. Juni 1941 kein „normaler" Krieg, sondern von vornherein als Vernichtungsfeldzug angelegt.[134] Ähnlich dem berühmten „Kommissarbefehl" für die Wehrmacht, der für jeden politischen Beamten der Sowjetunion die sofortige Erschießung anordnete, galten auch die

---

[134] In beeindruckender Detailtreue stellt Dieckmann die Besatzungs- und Vernichtungspolitik dar, speziell für das Gebiet Šiauliai in Band II, S. 805-865.

Vernichtungspläne für Juden und Polen in Litauen. Die erste Mordaktion kostete bis Dezember 1941 ca. 100.000 Juden in ganz Litauen das Leben, wobei der Bezirk Šiauliai mit 36.000 Opfern ein Schwerpunkt war.[135]
In der Stadt Šiauliai selbst, einer Handwerker- und Industriestadt und Verkehrsknotenpunkt für die Verbindungen nach Lettland, lebten im Jahre 1941 6.400 Juden und machten damit 20% der 32.000 Einwohner aus.[136] Die deutsche Verwaltung verfolgte mehrere Ziele: Neben der Ermordung der jüdischen Bevölkerung galt es Arbeitskräfte zu sichern und das Besitztum der Juden einzuziehen. Gerade Juden waren oft Handwerker und Facharbeiter in den Städten. So wurden in Šiauliai zwei Ghettos eingerichtet, in denen alle Juden der Stadt unter katastrophalen hygienischen Bedingungen eingepfercht leben mussten. Im Mai 1942 war ihre Zahl auf 4.665 geschrumpft – ein Zeugnis für die miserablen Lebensbedingungen. Die deutsche Zivilverwaltung benutzte den Judenrat, die Selbstverwaltung der jüdischen Gemeinde, um ihre Forderungen durchzusetzen.
Ein besonderes Kapitel ist der Raub und die Enteignung von jüdischem Eigentum, das durch die litauische Verwaltung organisiert wurde. Wohnhäuser, Geschäfte, Fabriken, Gutshöfe,

---

[135] Diese Zahlen nach Dieckmann: Litauen, II, S. 803-805. Im Atlas der „Endlösung" von Martin Gilbert sind die Schätzungen wesentlich niedriger: ca. 135.000 ermordete Juden für die gesamte Besatzungszeit in Litauen, ausdrücklich als „Schätzung" bezeichnet. Gilbert, Martin: Endlösung. Die Vertreibung und Vernichtung der Juden. Ein Atlas. Reinbek bei Hamburg 1982, Karte 316.
[136] Ich beschränke mich darauf, die Verhältnisse im Bezirk Šiauliai, wo die Güter von Hans Lembke lagen, zu skizzieren. Für alle Angaben im Folgenden Dieckmann: Litauen II, S. 1162-1190 für die Jahre 1941/43, S. 1304-1324 für die Zeit 1943 bis Juli 1944.

aber auch wertvolle Textilien, Kunstgegenstände, Möbel und Hausrat wurden beschlagnahmt und verteilt.[137] Die Haltung der Litauer, d.h. der litauischen Verwaltung und der Bevölkerung, die auch von diesen Arisierungen profitierte, erklärt sich auch aus einem antisowjetischen Ressentiment: Juden wurden mit der russischen Besatzung identifiziert. Die brutale Besatzungspolitik der Sowjetunion hatte die Ankunft des deutschen Militärs zunächst wie eine Besserung der Lage erscheinen lassen.

Die „arbeitsfähigen" Juden mussten Zwangsarbeit leisten: in Textil- und Lederfabriken, in chemischen Labors, in Schneidereien, in der Bürstenherstellung und im Straßenbau. Zunehmend wurden Außenlager auf dem Land eingerichtet, so in den Dörfern in der Umgebung von Šiauliai, in einer Ziegelei in Kuršenai, in Bubiai, in Daugeliai, in Torfstechereien, Zuckerfabriken und beim Kartoffelanbau. Alle diese Außenlager lagen zwischen 15 bis 30 Kilometer von Siauliai entfernt. Ein Stadtteil des heutigen Ortes Kuršenai ist Ringuvenai, das Gebiet des Gutes von Hans Lembke. Das zweite Gut Ringuvele lag etwa vier Kilometer nördlich davon.[138]

Im Sommer 1943 gelang es der SS, die Ghettos in Litauen zu übernehmen, mit der Folge, dass die Ghettos und Außenlager in veritable Konzentrationslager umgewandelt wurden, die ein Jahr lang als Arbeitslager geführt wurden, bis im Juni/Juli 1944 durch die vorrückende Rote Armee die Räumung der litauischen Gebiete erzwungen wurde. Die Konzentrationslager wurden aufgelöst und die dann noch lebenden Juden knapp 400

---

[137] Dieckmann: Litauen II, S. 862-865.
[138] Google maps ermöglicht es, die Lage genau anzugeben.

Kilometer südwestlich in das KZ Stutthof bei Danzig deportiert und dort ermordet. Nur einige hundert litauische Juden überlebten den Krieg.

Was in dieser Situation die Landwirtschaft betrifft, gingen die Planungen der deutschen Wehrmachtführung davon aus, dass die eroberten Staaten als Reservoir für die Ernährung und allgemeine Versorgung der deutschen Soldaten auf dem Weg zur Eroberung der Sowjetunion zu dienen hatten. Die Prioritäten waren eindeutig: zuerst die Soldaten, dann die deutsche Bevölkerung im „Altreich", zuletzt die litauische einheimische Bevölkerung, an deren untersten Skalenende die Juden standen. Die Zivilverwaltung, die eingesetzt wurde, hatte „die oberste Aufgabe, (...) den geschlossenen und restlosen Einsatz der Wirtschaft dieses Landes für die Erfordernisse des Krieges" zu organisieren.[139]

Es ist klar, dass dies primär eine Beschlagnahmung der landwirtschaftlichen Produktion bedeutete, da es vor allem dies war, was Litauen als Agrarland liefern konnte. 1,7 Millionen Menschen arbeiteten auf dem Land. Die vordringlichste Aufgabe im Sommer und Herbst 1941 aus Sicht der deutschen Zivilverwaltung war also, die Ernte einbringen zu lassen, zu erfassen und für die Heeresgruppe Nord, die in Richtung Leningrad vorrückte, zu verwenden. Die deutsche Wirtschaftsverwaltung bediente sich dabei der litauischen Organisationen, insbesondere der Genossenschaften, über die die einzelnen Bauern erreicht werden konnten. Dabei geriet sie in einen unlösbaren Widerspruch: Einerseits sollte das Land das deutsche

---

[139] So Generalkommissar von Renteln im Jahre 1943, zitiert nach: Dieckmann: Litauen I, S 538.

Heer im Osten ernähren, was extreme Ausbeutung und direkten Zwang zur Ablieferung der Ernte erforderte. Andererseits sollte Stabilität und Ruhe im Hinterland der Front herrschen.[140]
Die Ergebnisse dieser Zwangsabgabe blieben den ganzen Krieg hindurch aus Sicht der Besatzung unzureichend, und deshalb wurde der Druck auf die ländliche litauische Bevölkerung erhöht. Drakonische Strafen gegen säumige Bauern, Verhaftungen, Erschießungen, Vertreibungen, Zwangsräumungen waren die Mittel der deutschen Zivilverwaltung. Die Spannungen erhöhten sich weiterhin dadurch, dass die Bewohner der Städte hungerten, da sie als letzte Gruppe mit Lebensmitteln bedient wurden. Auf dem Land konnte man sich eher selbst mit Lebensmitteln versorgen. Dementsprechend entwickelte sich ein lebhafter Schwarzmarkt.
Zur Organisation der litauischen Landwirtschaft wurde im Februar 1942 die „Ostland" (die „Landbewirtschaftungsgesellschaft Ostland mbH") mit Sitz in Riga gegründet, nach längerer Vorbereitungsarbeit der Zivilverwaltung in Litauen.[141] Sie war Rechtsträgerin für alle herrenlosen Güter, insbesondere waren dies die Staatsgüter, auch die verlassenen Höfe von nach Russland Deportierten und von Volksdeutschen, die ins „Altreich" umgesiedelt worden waren. Die „Ostland" verwaltete sie, d.h. entweder bewirtschaftete sie die Güter selbst oder sie überließ Betriebe zur Nutznießung an andere, und sie betreute die litauendeutschen Siedler. Die 550 Staatsgüter genossen Privilegien: Sie erhielten Arbeitskräfte, Kriegsgefangene wurden

---

[140] Dieckmann: Litauen I, S. 563-621: „Litauen als Hinterland der Front".
[141] Dieckmann: Litauen I, S. 551f.

nicht abgezogen, benötigte Maschinen und andere Güter wurden geliefert. Damit war die „Ostland" die größte Landbewirtschafterin in Litauen. Von 240.000 ha übergab sie bis März 1943 200.000 ha an Nutznießer – 750 ha davon auch an Hans Lembke. Mit dieser Organisation bzw. ihrer Nebenstelle in Šiauliai[142] vor allem hatte er zu tun, in allem, was unmittelbar seine Güter Ringuvele und Ringuvenai I und II etwa 30 km nordwestlich von Šiauliai betraf.

Pacht und Bearbeitung der litauischen Zweigstelle

Wie es 1942 zur Pacht der Höfe gekommen ist und wie sie verwaltet wurden, darüber gibt am besten die Korrespondenz zwischen Hans Lembke und seinem Schwiegersohn Auskunft. Am 1. März 1942 berichtete Rudolf Schick dem Schwiegervater von seinen pommerschen Kollegen – er nennt die Kartoffelzüchter Kameke (Hauptgut Strekenthin, Kreis Köslin), Ragis (Muhlendorf, Kreis Regenwalde), Raddatz (Hufenberg, Kreis Köslin) und P.S.G. Böhme[143] – die aufgefordert worden seien, sich in den besetzten Gebieten mit ihren Saatzuchtbetrieben zu engagieren. Man wolle größeren Kartoffelzüchtern besonders entgegenkommen. Herr Dr. Feistritzer (von der Ragis-

---

[142] „Schaulen" wird die Stadt und der Bezirk in den Quellen genannt, es erscheint mir aber korrekter im Folgenden den Ort in seiner litauischen Form zu schreiben.
[143] Alle Namen, die Schick in seinem Brief erwähnt, werden als große Familien-Saat- und Kartoffelzuchtbetriebe in dem Band Bundesverband Deutscher Pflanzenzüchter e.V. (Hrsg.): Landwirtschaftliche Pflanzenzüchtung in Deutschland – Geschichte, Gegenwart und Ausblick. Gelsenkirchen-Buer 1987 genannt, z.B. Ragis S. 194f.

Kartoffelzucht, CT) sei in Riga wegen des Anbaus von Frühkartoffeln gewesen.[144]

Die Entscheidung für die Güter Ringuvele und Ringuvenai I und II scheint als Ergebnis mehrerer Erkundungsreisen nach Litauen dann im Herbst 1942 gefallen zu sein, wie Hans Lembke in einem Brief vom 24. November 1942 an den Staatsminister Dr. Scharff in Mecklenburg[145] rückblickend referierte. Offensichtlich ging die Initiative nicht von ihm aus, es war also keine eigene Aktivität von ihm, sich für die Übernahme eines verstaatlichten Gutes zu bewerben. Sondern er wurde, wie viele andere Landwirte auch, vom „Herrn Reichskommissar" (gemeint war der Reichskommissar Ostland Hinrich Lohse)

> aufgefordert, in den Gebieten Lettland, Estland oder Litauen eine Zweigstelle meiner Saatzucht zu errichten, um landwirtschaftliche Kultursorten zu schaffen, die für die neu erworbenen Gebiete des Ostens und die dort einzuführenden Beackerungs- und Düngemethoden angepasst sind.[146]

Hier wird die allgemeine Aussage, dass von staatlicher Seite aus die Saatzucht als Instrument einer langfristigen Germanisierungspolitik eingesetzt wurde, konkret. Man setzte bewusst reichsdeutsche Landwirte als Pächter und Betriebsleiter ein. Vom Standpunkt des Saatzüchters aus allerdings war es auch sinnvoll,

---

[144] BA N 2515/65.

[145] Vom „Reichsstatthalter" Hildebrandt zum Ministerpräsidenten von 1934 bis 1945 ernannt.

[146] AMalchow, Ordner Ringuvele Brief vom 24.11.1942. Anlass des Briefes ist die Anfrage an den Staatsminister, ob das Gut Christinenfeld über 1946 hinaus als Pacht bestehen bleiben kann, da sonst Ringuvele mit den neuen Pachtverträgen zu teuer wird.

ein hartes Klima und andere Böden zur Zucht, insbesondere von Kartoffeln[147], zu verwenden. Ein weit östlich gelegener Zweigbetrieb machte also von der Sache her Sinn. So kommen hier Landwirtschaft und politisches Machtkalkül zusammen, wie es oben in ähnlicher Weise schon für den Warthegau festgestellt wurde.

Im Mai 1942 ist zum ersten Mal von einer Reise nach Riga die Rede.[148] Im Juni 1942 begann der Briefwechsel mit der „Ostland", Hans Lembke berichtete an Rudolf Schick, dass er an Prof. Dr. Kassnitz, der die Abteilung „Erzeugung" in der Zivilverwaltung beim Reichskommissariat Ostland leitete, geschrieben habe:

> Die Eigentumsverhältnisse werden sich nicht so schnell regeln lassen. (...) Ich will mir Klarheit verschaffen, inwieweit man lebendes und totes Inventar nach dem Ostland verschaffen darf (auch Geld). Für fruchtbringende Arbeit ist Vorbedingung, daß man die Achtung der Bevölkerung durch Leistung erbringt. (Dies habe er auch Kassnitz geschrieben.)[149]

Dieser letzte Satz frappiert. Er ist typisch für Lembke, für seine gradlinige, klare und integre Geschäftseinstellung. Er rechnete aus seiner Lebenserfahrung heraus als Saatzüchter und Arbeitgeber mit den Arbeitskräften, die ordentlich arbeiten sollten, und mit Nachbarn, die den Neuankömmling beobachten werden.

---

[147] Brief von Hans Lembke an die Landesbauernschaft Danzig am 20.2.1941, AMalchow 0060 Schriftwechsel 1934 bis 1945, nur der Osten sei geeignet, im Westen gebe es zu viele Krankheiten.
[148] BA N 2515/65, Brief RS an HL, 15.5.1942.
[149] BA N 2515/65, Brief HL an RS, 25.6.1942.

Aber der Satz kontrastiert geradezu grotesk mit den realen Verhältnissen, wie sie zwischen Sommer 1941 und Sommer 1944 in Litauen, gerade auch in der Gegend von Šiauliai, herrschten – für Juden und Polen insbesondere, aber auch für die Litauer selbst und für russische Kriegsgefangene. Man kann diesen Satz deshalb auch als eine Kritik an der Art und Weise der Besatzung und In-Besitznahme durch die deutschen Truppen verstehen. Die „Vorbedingung", unter der für ihn ein Engagement sinnvoll war, war jedenfalls eigentlich nicht erfüllt.

Die Eigentumsfrage begleitete Hans Lembkes Arbeit in und für Ringuvele bis zum Ende des Unternehmens im Sommer 1944. Sie war überhaupt ein wichtiger Punkt der Besatzungspolitik. Denn die Hoffnung der litauischen Bauern, die sowjetischen Enteignungen würden von den Deutschen rückgängig gemacht, erfüllte sich nicht. Nur etwa 2% der Enteignungen wurden letztlich zurückgenommen.[150] Der Vorbesitzer der von Hans Lembke gepachteten Höfe Ringuvele und Ringuvenai I und II war ein polnischer Diplomagronom, dessen Sohn Jankevisius in wiederholten Eingaben an die deutsche Verwaltung die Rückgabe der Güter forderte. Es war dies eines der Hauptthemen der Korrespondenz von Hans Lembke mit der Nebenstelle der „Ostland" in Šiauliai, da er nur dann bereit war zu investieren, wenn er sich darauf verlassen konnte, dass er die Güter längerfristig pachten konnte.[151]

Am 14. März 1943 schrieb Hans Lembke an Schick:

---

[150] Dieckmann: Litauen I, S. 548-554 zur Organisation der Landwirtschaftsverwaltung.
[151] Korrespondenz im Ordner Ringuvele, AMalchow.

> Burmeister berichtet, daß Jankevisius in Ringuvele hofft, daß R. ihm wiedergegeben wird, weil sein Vater Besitzer war und der Bruder von den Russen verschleppt wurde. Ich kann mich dieser Auffassung nur anschließen, da der Staat Versprechungen unbedingt innehalten muß, will er nicht an Ansehen einbüßen. Ich habe daher an Kaulen das Schreiben gerichtet, das ist in Durchschlag beigelegt.[152]

Auch hier wieder Hans Lembkes honorige Forderung an den Staat nach Verlässlichkeit, die immer wieder in Briefen erscheint. Jankevisius schrieb am 6. November 1943 auch an Hans Lembke selbst, der sich wiederum am 3. Dezember 1943 an die „Ostland" wandte, die am 15. Februar 1944 gegenüber Lembke versicherte, dass eine Reprivatisierung nicht vorgesehen sei.[153]
Mehrfach traf sich Hans Lembke in Neu-Buslar mit seinem Schwiegersohn für die gemeinsame Weiterreise nach Šiauliai, ungefähr auf der Hälfte der Strecke von Wismar aus. Rudolf Schick interessierte sich in seinen Briefen sehr für die neuen Güter.[154] Man hat fast den Eindruck, als sei es sein eigenes Projekt gewesen, in das er hier immer wieder mit Vorschlägen und neuen Ideen eingreift. Die Besichtigungsreisen im September 1942 mit dem Ziel, einen Betrieb auszuwählen, unternahm er gemeinsam mit Hans Lembke. Er bedauerte neun Monate später, am 18. Juni 1943, nicht abkömmlich zu sein und den Schwiegervater allein reisen lassen zu müssen.

---

[152] BA N 2515/65. Der Durchschlag ist leider nicht überliefert.
[153] AMalchow, Ordner Ringuvele, Briefwechsel 6.11.1943/3.12.1943, 15.2.1944.
[154] BA N 2515/65. Fast alle Briefe berühren dieses Thema.

Wie kann man sich eine solche Reise vorstellen? Mit welchen Verkehrsmitteln reisten sie mehrmals – zuletzt im Juli 1944 – für die Überwachung der Feldarbeiten nach Ringuvele? Dies klingt zunächst wie eine Selbstverständlichkeit. Prüft man die Entfernung nach, dann kommt man auf eine Strecke von mindestens 1100 km, wenn man von Wismar über Stettin und Danzig an der Ostseeküste entlang fährt. Der Weg durch Polen hindurch beläuft sich sogar auf ca. 1300 km. Wie überwand man als Zivilperson in den Jahren 1942 bis 1944 durch ein kriegszerstörtes und militärisch besetztes Land eine solche Strecke? Dazu kamen die Transporte von Saatgut, landwirtschaftlichen Maschinen und anderem Gerät in Waggons. Die beiden Ordner „Ringuvele" im Archiv sind voll von der Organisationsarbeit, Transportmöglichkeiten per Eisenbahnwaggon ausfindig zu machen.

Ein Beispiel in einem Brief am 28. Januar 1943 von Hans Lembke an seine Tochter Gertrud:

> Am 12. Februar muß ich mit Herrn Burmeister nach Litauen, um dort die Vorbereitungen für die Übernahme zu treffen. Ich fürchte, dass durch die Rückschläge auf den Kriegsschauplätzen noch besonders große Schwierigkeiten eintreten, die nötigen Einrichtungsgegenstände nach Litauen zu bekommen. Das wäre besonders unangenehm, als es kaum möglich sein wird, eine ordnungsmäßige Bestellung mit dem vorhandenen Inventar durchzuführen. Ich denke, daß ich etwa 10 Tage bleiben muß.[155]

---

[155] Privatarchiv Nachlass Briefordner I.

Ähnlich wie in diesem Brief wird Hans Lembkes Skepsis, ob dieses Unternehmen sinnvoll ist, in seinen Berichten an den Schwiegersohn immer wieder greifbar. Schick hätte nämlich offenbar lieber gleich größere Flächen in Litauen gepachtet. Am 14. März 1943 – also nur sechs Wochen nach dem zitierten Brief – beschrieb er Schick ausführlich den „erbarmungswürdigen" Zustand des Mobiliars und die versumpften und verunkrauteten Böden. Das Vieh sei vermutlich durch Seuchen verendet. Er selbst zog die Schlussfolgerung, dass man lieber erst mit kleinen Flächen bei einem Betrieb beginnen und die gewonnenen Erfahrungen dann auswerten solle. „Wir können keinesfalls auch nur mit einer geringen Ernte rechnen."[156]
Schick hatte in seinem Brief vorher konkrete Anbaupläne für Hafer, Rotklee und Kartoffeln vorgelegt, auch könne man Senf anbauen.[157] Er sandte mehrmals Saatgut (z.B. Saatkatoffeln Capella und Gemma, je 200 Ztr.) und Düngemittel aus Neu-Buslar und Malchow bzw. Gollwitz.[158] Offensichtlich war er auch im August und im Oktober 1943 und noch einmal im Januar 1944 alleine in Ringuvele – die litauischen Güter waren ein gemeinsames Projekt, um die sich Schwiegervater und -sohn vereint kümmerten.

Offensichtlich schmiedete Schick ohnehin unermüdlich weitere Anbaupläne, immer wieder ist in seinen Briefen von neuen Anbaustellen die Rede, er suchte zu pachtendes Land in

---

[156] BA N 2515/65.
[157] BA N 2515/65, Brief RS an HL vom 1.3.1943.
[158] BA N 2515/65, Transporte am 27.10.1942, 26.3.1943, 19.4.1943 und 28.2.1944.

Wartheland, Kurmark, Danzig-Westpreußen, „später vielleicht einmal Weißruthenien".[159]

Was war das Motiv bei beiden für dieses Engagement? Es gibt nur wenige, indirekte Quellen darüber, wir wissen es letztlich nicht.

Aber eine Momentaufnahme von außen ergibt sich aus einem Feldpostbrief vom 6. April 1943 von seiner Tochter Gertrud aus Rostock an ihren Mann an der Ostfront. Sie berichtete ihm, dass

> Leni (Frau ihres Bruders Hans-Georg, die in Malchow lebte, CT) schrieb, dass Vati in Litauen sei, um die Betriebe dort zu übernehmen. Es haben sich noch allerlei Schwierigkeiten ergeben, und der Anfang wird für den neuen Verwalter, Herrn Burmeister, nicht leicht sein. Der Acker soll böse, böse aussehen, die Gebäude- und Wohnverhältnisse sind denkbar primitiv. Aber Vati sei so recht in seinem Element, wenn er es auch nicht recht zugeben wolle. Er freue sich förmlich, den Augiasstall auskehren zu können und mustergültige Viehställe dafür hinzusetzen. (letztere Metapher von mir). Soltmann reise in den nächsten Tagen, aber ohne Familie. Möbel, Betten, Maschinen, Einrichtungsgegenstände seien gepackt und unterwegs.[160]

Das Lebenselement von Hans Lembke war die Freude an sinnvoller, konstruktiver Arbeit, die die (landwirtschaftliche) Welt ein wenig besser macht, ein starker Antrieb, der über Begleitumstände, Hindernisse und unerfreuliche Nebenbedingungen leichter hinwegsehen lässt, ja, sie geradezu als zu

---

[159] BA N 2515/65, Brief RS an HL vom 18.2.1944.
[160] Privatarchiv Nachlass, Brieforder I.

bewältigende Schwierigkeiten genießt. So sahen ihn jedenfalls Tochter und Schwiegertochter. Eine Sache in Ordnung zu bringen ist der Kern der Berufung, nämlich als Bauer dem vernachlässigten Boden und den Gebäuden wieder zu ihrer Bestimmung zu verhelfen, alles andere zählte nicht oder blieb doch zweitrangig.

Ganz ähnlich zog Rudolf Schick eine bedauernde Bilanz in einem Brief Anfang Oktober 1944, rückblickend über das ganze Unternehmen „Ringuvele":

> Die Nachrichten aus Litauen sind ja wenig erfreulich. Leider mußten wir bei der Lage der Betriebe in der Kampfzone ja mit diesem Ende rechnen. Ob wir noch jemals Gelegenheit haben werden, diese Betriebe wiederzusehen? Es ist wirklich schade um diese Betriebe, denn, wenn dort nun ein Jahr lang nicht geackert wird, gibt es wohl nur noch Sumpfwiesen und Distelfelder.[161]

Und bereits im August 1944 hatte er an den Schwiegervater aus Neu-Buslar, wo der Flüchtlingstreck aus Ringuvele gerade eingetroffen war, geschrieben: „Schade, daß dieses Unternehmen so plötzlich beendet ist, vielleicht später wieder aufnehmen."

Ein weiterer Beweggrund wird die langfristige Planung des Familienbetriebes für die nächste Generation gewesen sein, vergleichbar den Plänen eines Ankaufs eines Gutes in der „Provinz Posen" im Warthegau (siehe oben), von denen wir nur Andeutungen kennen. Der Unterschied scheint mir aus heutiger Sicht aber in den langfristigen historischen Zusammenhängen zu

---

[161] BA N 2515/65, Brief RS an HL am 3.10.1944.

liegen. Beim Warthegau handelte es sich um ein traditionell seit Jahrhunderten von Deutschen besiedeltes Land, während in Litauen die Deutschen nur eine kleine Minderheit waren und es sich um fremdes, als „Lebensraum" widerrechtlich annektiertes Gebiet handelte. Allerdings ging es für Lembke ausdrücklich nur um einen Pachtvertrag, nicht um Kauf.

Liest man in den beiden Bänden des Historikers Dieckmann die detaillierte Beschreibung der Mordaktionen, der Vernichtung ganzer Dörfer, der Ghettos und Konzentrationslager, der Arbeitslager und Deportationen durch deutsche Einsatztruppen und die Waffen-SS im Bezirk Šiauliai, dann wundert es doch sehr, wie in den Briefen zwischen Hans Lembke und Rudolf Schick diese ganze gewaltsame Umgebung so gar nicht erscheint. Konnte man das übersehen? Konnte man es als bedauerliche, aber quasi natürliche und unvermeidliche Nebeneffekte der Kriegsführung interpretieren? Wie konnte Hans Lembke von „Erringen der Achtung der Bevölkerung durch Leistung" schreiben, wenn diese Bevölkerung systematisch ermordet wurde?

Oder müssen wir diese Quellen ganz anders lesen – galt es Vorsicht walten zu lassen beim Briefeschreiben wegen möglicher Überwachung? Gehörte es zu den Übereinkünften unter Verwandten und Freunden, vielleicht auch stillschweigend, keine politischen Bemerkungen im weitesten Sinne außerhalb des vertrautesten und engsten Kreises zu machen? Nichts Schriftliches zu hinterlassen?

Das Ende des kurzen Engagements kam am 14. Juli 1944 mit dem offiziellen Räumungsbefehl. Beide Güter mussten vor der näher rückenden Roten Armee aufgegeben werden, der Angestellte Otto Soltmann mit Frau und Tochter, der Leiter Heinrich Burmeister und der junge Arbeiter Günther Dethloff flohen nach Westen, wo sie am 12. August heil ankamen. Günther Dethloff war gerade 22 Jahre alt gewesen, als er Anfang 1944 von Hans Lembke als landwirtschaftlicher Arbeiter angeworben wurde und im April von ihm nach Litauen gebracht wurde. Er hatte eine landwirtschaftliche Lehre in Hornstorf gemacht. Seine Arbeitszeit auf dem Gut Ringuvele dauerte also nur wenige Monate, bis er im Sommer 1944 im Treck mit Kühen, Pferdefuhrwerk und Raupe mit den anderen Mitarbeitern zurück nach Malchow kam.[162]

Fremdarbeiter als Arbeitskräfte auf dem Hof

Für die Beantwortung dieser Frage habe ich keine Quellen, aber aus dem, was man allgemein über die Situation von „Fremdarbeitern" im „Dritten Reich" weiß, kann man Analogieschlüsse ziehen. Wie auf praktisch jedem landwirtschaftlichen Betrieb und in sehr vielen Fabriken in „Groß-Deutschland" (einschließlich Österreich) werden sicher auch in Malchow und in Neu-Buslar Fremdarbeiter, Kriegsgefangene oder „Ostarbeiter" die vorherigen Arbeitskräfte, die zum Kriegseinsatz eingezogen waren, ersetzt haben. Man rechnet mit insgesamt 13,5 Millionen Menschen, die mit falschen Versprechungen oder durch puren Zwang und mit Gewalt aus den besetzten Gebieten Europas nach Deutschland zum Arbeiten

---

[162] Dies berichtete er in einem Gespräch am 16.10.2009 in seinem Zimmer im DRF-Heim Sozius, Wismarische Straße 298b, Schwerin. Er hatte sich selber einige Zeit vorher bei Dietmar Brauer als Zeitzeuge gemeldet.

gebracht wurden. Davon waren 8,4 Mio. Zivilarbeiter, 4,6 Mio. Kriegsgefangene und 1,7 Mio. KZ-Häftlinge und „Arbeitsjuden".[163] Schick schrieb mehrfach, er erwarte in Neu-Buslar 20 russische Kriegsgefangene als Arbeitskräfte: „hoffentlich kommen sie bald"[164]. Auch von Franzosen ist im selben Brief die Rede. Aus dem weiteren Briefwechsel geht aber nicht hervor, ob sie „gekommen" sind, d.h. gebracht worden sind. Im April 1943 berichtete Schick von zehn Ostarbeitern, die gekommen seien, „leider nur ein Mann und neun Frauen".[165]

---

[163] http://www.bundesarchiv.de/zwangsarbeit/geschichte/auslaendisch/begriffe/index.html. Lesedatum 1.12.2015
[164] BA N 2515/65, Brief RS an HL am 29.6.42.
[165] BA N 2515/65, Brief RS an HL am 19.4.1943.

Fazit: Situation und Charakter I

Kann man am Ende des Kapitels Nationalsozialismus die Frage nach der Gewichtung von Charakter und Situation bei Hans Lembke beantworten? Was wiegt schwerer: seine Eigenschaften oder die Umstände? Einige Punkte können nun präzisiert werden. Seine eigene Sicht auf sein Leben und seine Motive drückte er gegenüber seinem Schwiegersohn Rudolf Schick in einem Brief im Oktober 1945 aus, als das Gut Malchow enteignet worden war. Er schrieb, 68 Jahre alt, von seinem „Verbannungsort" Wismar, wo er abwartete, ob er als Geschäftsführer nach Malchow zurückkehren konnte:

> Wenn ich nun am Ende meines Lebens sehe, daß das meiste von dem was ich erschafft und aufgebaut habe, für die Familie verloren gegangen ist, so ist es mir doch nicht leid, statt eines Lebens in Wohlleben und Genuß ein Leben der Arbeit hinter mir zu haben. Das materielle kann man mir wohl nehmen, aber nicht den guten Namen, den ich mir im Leben geschaffen habe. Man kann ja nicht wissen, ob auch mich noch einmal Verhaftung und persönliche Drangsal trifft. Auch dieses Schicksal würde ich zu tragen wissen in der Überzeugung ungerecht behandelt zu werden. Nur die Sorge um Euch alle drückt mich ein wenig, wenn ich daran denke, daß ich Euch einmal in der Not nicht mehr helfen könnte.[166]

Zwei Elemente also: Das Wichtigste ist seine Arbeit – Berufung im eigentlichen Sinn – und in gleicher Weise wichtig der „gute

---

[166] BA N 2515, 41, Bl. 70.

Name", das Bewusstsein, immer korrekt, redlich und integer gehandelt zu haben, was von der Gesellschaft auch normalerweise anerkannt wurde. Er war mit sich im Reinen – vor den Trümmern seiner Lebensarbeit.

Das Element Arbeit kennen wir schon. Und erscheint hier nicht auch eine kleine Eitelkeit? Nicht um der zehn Gebote willen alleine handelt er korrekt, nicht als Selbstzweck, sondern er hat auch die bewundernde Anerkennung der Gesellschaft – den guten Namen – im Blick.[167]

Aber letztlich zeigt sich in dieser gelassenen Reaktion in einer Extremsituation für mich vielleicht sein wichtigster Charakterzug: eine außergewöhnliche Fähigkeit, nach Misserfolgen und schweren Unglücken wieder aufzustehen. Heute nennt man eine solche Fähigkeit „Resilienz", eine innere Kraft, die die Verarbeitung von Schicksalsschlägen und den Neuanfang ermöglicht. Es gelang ihm, sich schnell von schweren Unglücken zu erholen oder doch zumindest schnell wieder handlungsfähig zu werden und das in der Situation Notwendige tatkräftig zu tun. So beobachtete seine Tochter Gertrud, wie er in der Nacht, als der Speicher in Christinenfeld im Sommer 1930 abbrannte, nach dem ersten Schreck schon auf der Fahrt zum Brandherd wieder ruhig und besonnen reagierte.[168]

Durch den Tod geliebter Menschen hatte er viel Leid zu tragen: Der jüngste Sohn Adolf fiel im Februar 1942, seine Frau starb

---

[167] Karsten Schröder berichtet über die Unterschrift unter Schulzeugnisse seiner Kinder mit seinem vollen Titel: Dr. h.c., der ja die Anerkennung der akademischen Gesellschaft verkörpert.

[168] G. Schröder-Lembke: Tagebuch 1926-1932, 7. September 1930 (als Rückschau).

fast zur gleichen Zeit, seine älteste Tochter Hanna erlag im August 1945 einer Lungenentzündung.[169] Sein Lebenswerk schien im Oktober 1945 vernichtet: Er wurde enteignet und vom seinem Hof vertrieben – und er bemitleidete sich nicht selbst, brach nicht zusammen, gab nicht auf und floh oder zog sich auf ein Altenteil zurück. Sondern er arbeitete nüchtern, zielgerichtet und unter Einsatz aller seiner Kenntnisse und Kräfte daran zu retten, was zu retten war. Geradezu spektakulär wird diese Fähigkeit in einem Brief deutlich, den er aus dem „Exil" in Wismar an Schwiegersohn Rudolf Schick am 4. Oktober schrieb:[170]

> Diese nächsten Tage werde ich nun einmal als Urlaubstage benutzen. Es sind die ersten, die ich habe, seit 1905. Richtig einmal schlafen zu können, ist ja auch ein Genuß, den ich lange nicht mehr gehabt habe.

Es gibt wohl nicht viele Menschen, die in dieser Lage davon sprechen können, mit Genuss ausschlafen zu können, weil sie zur Untätigkeit verdammt sind. Die meisten würden wohl eher von schlaflosen Nächten voller Sorgen geplagt. Einen Schimmer von Selbstironie kann man in diesen Worten auch finden. Und er spricht hier vom ersten Urlaub, seitdem er den väterlichen Hof übernommen hat – also 40 Jahre zuvor – heute fast undenkbar.

Ein zweiter Charakterzug geht in eine ähnliche Richtung. Bereits oben wurde auf seine distanzierte, analytische Haltung den politischen Kontroversen gegenüber zu Beginn der 30er Jahre

---

[169] Im hohen Alter von 88 Jahren musste er 1965 den frühen Herztod seines Sohnes Hans-Georg erleben.
[170] Näheres zur Situation siehe unten im zweiten Teil.

hingewiesen. Dieses zeigte sich sehr plastisch noch einmal in dieser Schicksalssituation im Oktober 1945. Er schrieb an Rudolf Schick:

> An Eurem heutigen Hochzeitstag (12.10., CT) denke ich mit tiefem Weh zurück an das schwere Schicksal, das Dich und uns alle getroffen hat durch Hannas Tod. Ernst und schwer war die Lage unseres Vaterlandes und jedes einzelnen Landwirts auch damals (1934, CT) schon, aber man konnte doch hoffen, daß ein Aufstieg wieder kommen würde. Und für die Landwirtschaft kam er dann auch, besonders aber für die deutsche Pflanzenzucht. Wie Du weißt, habe ich diese glänzende Entwicklung nie als einen Dauerzustand angesehen und habe immer im Auge behalten, daß es eine Scheinblüte sein würde und daß ein unliebsames Erwachen kommen könnte. Dem entsprechend habe ich auch meine Handlungen eingestellt. Den Ausgang, den die Entwicklung nun genommen hat, und noch zu nehmen droht, habe ich aber selbst im Entferntesten nicht erwartet. Wenn wir die vor uns liegende Zeit überstehen wollen, so werden wir wohl noch sehr viel bescheidener in allem werden müssen.[171]

Hier wird eine bemerkenswerte innere Distanz sichtbar, Distanz zu den Zeitumständen, die als unabhängig von der eigenen Kraft realistisch wahrgenommen werden und auf die man sich einstellen muss. Aber alles kann sich wieder ändern. Die guten Geschäfte, die man als Pflanzenzüchter machen konnte, sind „kein Dauerzustand", nur eine „Scheinblüte", da von einem

---

[171] BA N 2515/41, Bl. 69. Dieser Brief wird auch für die Interpretation der folgenden Zeit (siehe 2. Teil) eine große Rolle spielen.

diktatorischen Staat politisch gewollt, könnte man ergänzen, nicht von Angebot und Nachfrage auf dem Markt bestimmt. Auch seine unternehmerische Entscheidung 1925, trotz Schulden und Agrarkrise in weiteres Land zu investieren, spricht für ein unabhängiges Urteilsvermögen.

Vielleicht ist dies ein Schlüssel zu seinem souverän geführten Leben trotz widrigster Umstände, eine Antwort auf die Frage der Gewichtung von Situation und Charakter. Kein Mensch entgeht der Situation, die von außen und von oben das Leben bestimmt, auch Hans Lembke nicht. Aber seine innere Distanz half ihm, die Umstände nicht als absolut und ewig zu verstehen, sie mit Vorsicht und unter Vorbehalten zu sehen und als vorübergehend einzuschätzen. Damit konnte er sich schneller und mit weniger innerem Widerwillen auf eine neue, von äußeren Zwängen bestimmte Situation einstellen.

Zweiter Teil: 1945 bis 1969

Wie bereits in der Einleitung zu diesem Text betont, beschäftigt sich der zweite Teil im Wesentlichen mit Rudolf Schick und den Stasiakten über ihn. Deshalb konzentrieren sich die folgenden Kapitel auf die Auswertung dieser Quellen, in denen nur noch am Rande Hans Lembke vorkommt. Die Dokumente setzen im Sommer 1950 ein.

Für das wichtige Jahrfünft davor können jedoch wiederum einzelne administrative Akten des Landeshauptarchivs Schwerin und der Nachlass von Rudolf Schick herangezogen werden. Er enthält vor allem den Briefwechsel Schicks mit vielen verschiedenen Briefpartnern sowie Vorlesungsmanuskripte von Hans Lembke und Beerdigungsdokumente. Dadurch können Umstände und Details der Enteignung und der Lage Hans Lembkes im sozialistischen Staat etwas klarer werden.

Malchow bei Kriegsende: Zuflucht und Verlust

Ende Februar 1945 kam der offizielle Räumungsbefehl in Pommern für die Evakuierung der Bevölkerung, und die sechs Kinder der Schicks, die Großmutter, Hausangestellte, Fahrer usw. und die wichtigsten Dokumente und Gegenstände, unter anderem Säcke voller Saatgut, wurden auf Wagen geladen und gen Westen transportiert. Über diese Flucht gibt es die Aufzeichnungen der ältesten Tochter Eva, damals knapp 10 Jahre alt. Rudolf Schick selbst und seine Frau Hanna verließen Neu-Buslar Anfang März.

Die Familie traf sich in Malchow wieder. Dort lebten bereits die Tochter Gertrud mit zwei, Schwiegertochter Leni mit drei Kindern, jetzt kamen die sechs Kinder von Hanna und Rudolf dazu, die älteste Enkelin war zehn Jahre, der jüngste Enkel erst wenige Wochen alt. Malchow wurde also der Zufluchtsort von immer mehr Familienmitgliedern, denn es bot in einer chaotischen Zeit wenigstens etwas Sicherheit, was vor allem die Ernährung betraf. Wie viele Deutsche mussten auch die Malchower die russische Besatzung über sich ergehen lassen. Man kann aber – wenn die Berichte nicht zu sehr geschönt sind – davon ausgehen, dass insgesamt die Begegnung mit den russischen Soldaten glimpflicher ablief als an vielen anderen Orten. Nach Aussagen von Gertrud kreierte der Überlebenswille eine List: Die Russen seien kinderlieb, hieß es, und so habe jede Frau, jedes junge Mädchen, jedes weibliche Wesen überhaupt mit einem Kind auf dem Arm die im Hof vorfahrenden Soldaten empfangen – genügend Kleinkinder gab es ja. Das habe als Schutz gegen Vergewaltigung gewirkt.

Das voll belegte Wohnhaus und andere Gebäude erhielten weitere Einquartierung von Flüchtlingen, die im Laufe des Sommers in Trecks aus dem Osten ankamen und untergebracht werden mussten.

Der Sohn Hans-Georg kehrte im November 1945 aus dem Militärdienst nach Deutschland zurück, ließ sich jedoch in die englische Besatzungszone nach Westfalen entlassen. Zu diesem Zeitpunkt war bereits klar, dass der väterliche Betrieb in Mecklenburg, für den er als Erbe vorgesehen war, als Familiengut verloren war. Er ging deshalb zum Gut Ulenburg bei Löhne, zu Verwandten seiner Frau, und begann dort mit wenig Mitteln wieder eine Saatzucht einzurichten.[172]

Schwiegersohn Walter Johannes Schröder gelangte buchstäblich mit dem letzten Schiff Ende März von der Halbinsel Hela vor Danzig aus über die Ostsee nach Eckernförde, wurde abgemustert und ging ebenfalls im Juli 1945 erst einmal nach Ulenburg, wo er versuchte, wieder eine Existenz mit seiner Ausbildung als Germanist aufzubauen.

Rudolf Schick wurde noch am 8. April 1945 als Soldat eingezogen – die Militärbürokratie funktionierte weiterhin – er kehrte aber Ende Mai nach Malchow heil wieder zurück. Vom 1. Juni 1945 an fungierte er als „Geschäftsführer" in Malchow. Am 16. August starb seine Frau Hanna an einer Lungenentzündung – der durch die Strapazen der Flucht geschwächte Körper hatte keine Abwehrkräfte mehr. Ihr jüngster Sohn Rudolf war gerade zwei Jahre alt. So verwundert es nicht, dass Rudolf Schick ein Jahr später, am 30. August 1946, ein zweites Mal heiratete, Erika Hochstetter, sie war ihm und den Kindern von früher bekannt, da sie als Kindermädchen schon vor Jahren in Neu-Buslar gearbeitet hatte.

Enteignung durch die Bodenreform

Die bemerkenswerte Tatsache, dass Hans Lembke nur einige Wochen nach der Enteignung seines Hofes wieder als Verwalter eingesetzt wurde, macht ihn zu einem Sonderfall im allgemeinen

---

[172] Zum weiteren Schicksal siehe Näheres unten. Zur Geschichte des westdeutschen Betriebes siehe: G. Schröder-Lembke: Malchow (2. Auflage 1978), S. 65-93.

historischen Prozess der Bodenreform (sprich: Enteignung der Großgrundbesitzer)[173]. Ab September des Jahres 1945 wurde in der SBZ aller landwirtschaftliche Besitz über 100 ha entschädigungslos enteignet und die Gutsbesitzer wurden gezwungen ihre Höfe zu verlassen. Als Befehlsgeber erscheint die Sowjetische Militäradministration (SMAD) in direkter Ausführung der Befehle Stalins. Umgesetzt wurde die Reform gemeinsam mit den deutschen Kommunisten (KPD, ab Frühjahr 1946 der SED). Getroffen werden sollte damit die gesellschaftliche Schicht der ostelbischen Junker, der preußischen Großgrundbesitzer als Inbegriff der Ausbeutung und der reaktionären Machtinteressen. Sie galten pauschal als Faschisten und Imperialisten und waren deshalb von ihren Machtpositionen zu vertreiben.

Die „Bodenreform" hat für Zeitgenossen und viele Historiker symbolischen Wert im Verlauf des Kalten Krieges nach 1945 innerhalb Deutschlands angenommen, denn sie gilt landläufig als der Beweis, dass diese Enteignung von großen landwirtschaftlichen Gütern bereits im Spätsommer 1945 als Zeichen für den gezielten Umbau der ostdeutschen Wirtschaft und Gesellschaft in ein staatssozialistisches System mit Enteignung allen Privateigentums gewertet werden müsse. Die späteren landwirtschaftlichen Kollektivierungen der Jahre 1952 bis 1960 werden also als geplante Zielpunkte und logische Konsequenz der Bodenreform vom Sommer 1945 interpretiert. Das Motiv der

---

[173] Der Sprachgebrauch zeigt die unterschiedlichen Welten: „Enteignung" heißt die Verstaatlichung auf Westdeutsch, die DDR-Bürger nannten sie „Bodenreform".

sowjetischen Besatzungsmacht (SMAD) und der KPD war nach dieser Ansicht die kommunistische Ideologie, die im Bereich der Landwirtschaft ihre allgemeinen Grundsätze von Enteignung und Verstaatlichung angewandt hat. Es durfte kein Privateigentum an Produktionsmitteln mehr geben.

Die Historikerin Elke Scherstjanoi dagegen stellt eine andere These auf.[174] Die UdSSR sei zu diesem Zeitpunkt primär von ihrem Willen nach Zerstörung der Grundlagen der nationalsozialistischen Wirtschafts- und Sozialstruktur geleitet worden. Die preußische Machtelite der „Junker" sollte vernichtet werden. Diese Einschätzung teilten direkt nach dem Krieg auch bürgerliche Zeitgenossen, es war damals keine ausgesprochen kommunistische Position, sondern auch in den Westzonen für kurze Zeit eine verbreitete Einschätzung vieler politisch denkender Menschen, sogar innerhalb der neugegründeten CDU, sichtbar in ihrem Ahlener Programm von 1947. Man war der Meinung, dass die NS-Diktatur auf kapitalistischem Grund gewachsen war, dass also diese Wirtschaftsstruktur beseitigt werden müsse, um eine Wiederholung des Faschismus zu verhindern.

Durch diesen Ansatz wird die Bodenreform sehr viel weniger als Affront und Beginn des Ost-West-Gegensatzes kurz nach der Potsdamer Konferenz im Sommer 1945 interpretiert als üblich. Die Perspektive der Sowjetunion sei noch von der Hoffnung bestimmt gewesen, dass ganz Deutschland in ähnlicher Weise

---

[174] Scherstjanoi, Elke: SED-Agrarpolitik unter sowjetischer Kontrolle 1949-1953. Veröffentlichungen zur SBZ-/DDR-Forschung im Institut für Zeitgeschichte. München 2007, Kapitel 1, insbesondere S. 64-77. Die Historikerdiskussion fasst die Historikerin auf den S. 41-46 zusammen.

„faschismusresistent" gemacht werden könne, eine Wiedervereinigung – zum damaligen Zeitpunkt eher: eine Wiederaufnahme des alten Zustands nach kurzer, getrennter Besatzungszeit – unter sowjetischer Führung schien noch lange nicht ausgeschlossen.[175] Scherstjanoi nennt das ganze Unternehmen eher ein „Reformrahmenprogramm" denn eine Reform, wofür sie gute Gründe anführt. Sie stellt nämlich zahlreiche Widersprüche und Unklarheiten in Planung und Durchführung der Bodenreform fest.[176] Vieles war und blieb ungeklärt, z.B.: Wie sollte das Land an die „Neubauern" verteilt werden, welche Größe sollten die neuen Höfe haben, wer konnte überhaupt Anspruch auf einen Hof erheben, musste man eine Ausbildung als Landwirt vorweisen? Des Weiteren waren der Marktzugang und der Vertrieb unklar, sowie die Rechtsform des Besitzes – als unveräußerlicher Erbhof? Als volles Eigentum? Als Pacht?

Offene Fragen waren auch: Was sollte mit den Gutsbesitzern geschehen? Und sollten auch Gutsbesitzer, die anerkanntermaßen keine Nationalsozialisten gewesen waren oder sogar als NS-Opfer angesehen werden mussten, enteignet werden? Die umstandslose Gleichsetzung von Großgrundbesitzern und „Faschisten" war eine unhinterfragte pauschale Prämisse und konnte nur zu neuen Ungerechtigkeiten führen.

Infolgedessen wurden aus Zeitmangel viele Details ad hoc vor

---

[175] Ein kurioser Beleg für diese Sichtweise findet sich in Formulierungen von Rudolf Schick in den 50er Jahren: Die Bundesrepublik nannte er mit dem provisorischen Namen „Westdeutschland" – ganz in paralleler Weise, wie umgekehrt aus BRD-Sicht die DDR lange „Ostzone" oder die SBZ ein „Nicht-Staat" blieb.

[176] Scherstjanoi: SED-Politik, S. 64ff.

Ort von den deutschen Behörden willkürlich und zufällig entschieden, weil gar keine Durchführungsbestimmungen vorhanden waren. Dieser von der Situation erzwungene Pragmatismus wurde von den Betroffenen natürlich als Willkür und Schikane empfunden, verunsicherte also die Beteiligten und diskreditierte die Bodenreform auch bei denen, die „im Prinzip" die Aufteilung des Großgrundbesitzes befürworteten.

Die hier skizzierten Mängel charakterisierten offensichtlich auch andere Bereiche der Besatzungspolitik, die uneinheitlich, improvisiert und innerlich widersprüchlich war. So beobachtet der Historiker Brunner für viele SMAD-Befehle, dass sie unmöglich ausgeführt werden konnten, weil sie ungenau, zeitlich viel zu spät und sachlich widersprüchlich gewesen seien. Auch hätten die SMAD-Befehlshaber und die deutschen Kommunisten in den damals noch existierenden Ländern unterschiedlich gehandelt, so in Sachsen anders als in Mecklenburg.[177]

Im Fall Malchow kennen wir folgende konkrete Daten: Die Bodenreformordnung für das Land Mecklenburg wurde am 5. September 1945 vom Präsidenten und den drei Vizepräsidenten der Landesverwaltung unterzeichnet, angewiesen von der SMAD.[178] Einen schriftlich formulierten SMAD-Befehl scheint es nicht gegeben zu haben, was aber – laut Brunner – nicht bedeutet, dass der SMAD nicht die entscheidende Instanz gewesen sei.

---

[177] Detlev Brunner: Der Schein der Souveränität: Landesregierung und Besatzungspolitik in Mecklenburg-Vorpommern 1945-1949. Köln 2006, S. 121-127 und 132-142.
[178] Brunner (Landesregierung, S. 230-242) gibt eine detaillierte Darstellung der Entscheidungsabläufe für die Bodenreform in Mecklenburg.

Aller landwirtschaftliche Besitz über 100 ha sollte enteignet werden, gemeint war der Grundbesitz von „Kriegsverbrechern" und „aktiven Verfechtern der Nazipartei und ihrer Gliederungen".[179] Spezialwirtschaften sollten nicht geteilt werden, unter dieser Bezeichnung finden wir Saatgut- und Zuchtbetriebe, Mustergüter, Molkereien, Mühlen o.ä., da sie betriebsuntüchtig geworden wären, wenn man sie aufgeteilt hätte. Das betraf Malchow, und auch eine weitere Überlegung passt gut zur dortigen Situation: In den Besprechungen zwischen KPD-Vertreter Pieck, dem Politberater Semjonov (später Botschafter in Bonn) und dem Leiter der SMAD-Landwirtschaftsabteilung Cuenkov in Karlshorst wurde festgehalten, man müsse für diejenigen, die erkennbar nicht Nazis gewesen seien, die Möglichkeit schaffen, als „Berater" weiter auf dem Gut zu bleiben, wenn es weiterbewirtschaftet würde.[180] Der Historikerkommentar zu dieser Aussage betont, dass von Seiten des SMAD die enteigneten Großgrundbesitzer zwangsausgesiedelt werden sollten – eine Parallele zu den Kulaken in der Sowjetunion; die deutschen KPD-Vertreter dagegen hätten auf gute Behandlung der „erwiesenen Antifaschisten" gedrungen – mit „keinem oder fast keinem" Erfolg.[181]

Ob man nun sagen kann, bei Hans Lembke hatte man offensichtlich doch Erfolg, muss offen bleiben. Ob es ein

---

[179] Zitate bei Brunner: Landesregierung S. 63. Siehe auch: Niemann: Großgrundbesitz, S. 122f., FN 27.
[180] Beratungen in Karlshorst am 29.8.1945, in: Badstüber, Rolf/Loth, Wilfried (Hrsg.): Wilhelm Pieck. Aufzeichnungen zur Deutschlandpolitik 1945-1953. Berlin 1994, S. 56f.
[181] Im gleichen Sinne auch Kuntsche: Bodenreform, S. 52. Einige Landräte hätten sich bemüht Pauschalisierungen abzumildern, mit mäßigem Erfolg.

Deutscher war, der konkret auf einen SMAD-Offizier Einfluss zugunsten von Hans Lembke genommen hat, konnte nicht aus Aktenquellen ermittelt werden.

Der Historiker Siegfried Kuntsche betont, der russische Kreiskommandant von Wismar habe sich sehr für Landwirtschaft interessiert und Entscheidungen dazu getroffen. Ebenso hätten sowjetische Landwirtschaftsoffiziere Lembke um Rat gefragt, zitiert Kuntsche Berichte von Zeitzeugen.[182] Auch Heinrich Baudis, langjähriger Saatzuchtleiter seit Beginn der 60er Jahre in Malchow, berichtet, Hans Lembke sei in der Sowjetunion als Saatzüchter bekannt gewesen. Er erwähnt sogar als Gerücht eine angebliche Quelle: In einem Telegramm habe Stalin persönlich dafür gesorgt, dass der bekannte Saatzüchter weiterarbeiten konnte.[183] Auch Rudolf Schick schrieb an seinen Kollegen Hermann Kuckuck am 15. Oktober 1945, dass Malchow zwar enteignet, jedoch nicht aufgeteilt worden sei und sein Schwiegervater als Betriebsführer – eine „seltene Ausnahme" – wieder auf den Hof zurückkehren solle. Zurzeit sei er in Wismar.[184] Ähnlich 14 Tage später Rudolf Schick in einem Brief vom 31. Oktober 1945 an den Kollegen Hans Stubbe: Hans Lembke sei noch in Wismar, sei aber in Anerkennung seiner großen Verdienste zum Betriebsführer ernannt worden.[185] Er selbst könne als Schwiegersohn dann allerdings kaum dort

---

[182] E-Mail von Prof. Kuntsche an die Verfasserin vom 15.5.2015.
[183] Gespräch der Verfasserin mit Heinrich Baudis am 14.10.2009. Das angebliche Telegramm Stalins erwähnt Baudis in seiner Biographie Hans Lembkes als ein Gerücht („Zweites Arbeitsleben", S. 7).
[184] BA N 2515/33, Brief RS an H. Kuckuck vom 15.10.1945.
[185] BA N 2515/33, Brief RS an H. Stubbe vom 31.10.1945.

bleiben.

Auch der Agrarwissenschaftler Horst Pätzold, der als junger Student Hans Lembke gut kannte, unterstützt die Version, dass Hans Lembke als erfolgreicher Saatzüchter in der Sowjetunion bekannt gewesen sei und dass man mit seinem bekannten Namen das eigene Ansehen fördern und ökonomisch von seinem erfolgreichen Saatgut profitieren wollte.[186]

Diesen Angaben wollte ich nachgehen und befragte die Spezialistin für das SMAD-Archiv, Frau Scherstjanoi. Sie konnte mir keinen konkreten Entscheider im SMAD angeben, betont aber, dass für die frühe Zeit von September/Oktober 1945 die Aktenüberlieferung sehr lückenhaft sei. Das Telegramm Stalins verweist sie in das Reich der nicht seltenen Familienlegenden, wo wir es ab jetzt auch lassen.

Sie ordnet die Wiedereinsetzung folgendermaßen ein:

> Es war auch keine seltene Ausnahme, dass auf Versuchsgütern u.ä. die Betreiber/Besitzer weiter als Fachleute eingesetzt und geduldet wurden. Gerade im Umfeld der Bodenreform war man sich der Tatsache bewusst, dass Saatgut gebraucht wurde, das ja auch zu großen Teilen im Sommer als Reparationsgut in die Sowjetunion abtransportiert worden war. Ein Saatzuchtbetrieb war ab Herbst 1945 überlebenswichtig, und das verstand auch die Besatzungsmacht. (…) der Name Lembke erscheint im SMAD-Aktenbestand nur in einem aus dem Deutschen übersetzten Antrag der Deutschen Zentralverwaltung für Land- und Forstwirtschaft von Anfang November 1945. Darin wurde vorgeschlagen, eine Saatzuchtge-

---
[186] Pätzold: Nischen, S. 177.

sellschaft als Körperschaft des öffentlichen Rechts zu bilden, vermutlich aus allen mit der Bodenreform enteigneten Saatzuchtbetrieben. Als Beispiel wird angeführt: Lembke, Malchow (Quelle BA Z 47 F 7317/37/4, Bl. 117-119). (…) Als mit Befehl Nr. 58 des Obersten Chefs der SMAD vom 19.2. 1946 tatsächlich eine solche Saatzuchtgesellschaft entsteht, weist die Anlage zum Befehl für Mecklenburg u.a. den Betrieb in Malchow aus. (Quelle BA Z 47 F 7317/8/4, Bl. 17-27). Über die Bedeutung von Saatzuchtbetrieben geben die Quellen reichlich Auskunft (…).[187]

Die handschriftlichen Notizen in Lembkes eigenem Kalender ergeben folgende Eckdaten: „3.10.1945: von Malchow vertrieben", 20.10.45: „nach Schwerin zur Wiedereinsetzung".[188] Die knapp drei Wochen zwischen diesen Daten verbrachte Hans Lembke in Wismar, im Büro seines dortigen Speichers auf dem Sofa kampierend. Mit fast täglichen Briefen an Schwiegersohn Rudolf Schick hielt er die Verbindung zum 15 Kilometer entfernten Malchow, das Nötigste, das er zum Leben brauchte, wurde ihm von seiner Schwiegertochter Leni alle paar Tage mit dem Fahrrad von Poel kommend gebracht.[189]

Das Datum 20. Oktober widerspricht auf den ersten Blick den Daten von Rudolf Schick in seinem oben zitierten Brief. Vielleicht haben Hans Lembke die amtlichen Auskünfte in Schwerin am 20. Oktober nicht als Sicherung seines Status

---

[187] E-Mail von E. Scherstjanoi vom 20.8.2015. Die genannten Akten stimmen mit den Dokumenten im Landeshauptarchiv Schwerin überein, siehe unten.
[188] AMalchow Taschenkalender 1945 von Hans Lembke.
[189] Mündliche Mitteilung von Anne Katrin Braun.

ausgereicht, so dass er längere Zeit in Wismar blieb. Denn immer wieder kommt in seinen Briefen sein Grundsatz zum Tragen, dass er nur eine von der Besatzungsmacht bestätigte und beurkundete Wiedereinsetzung für sinnvoll und endgültig hielt, weil er die willkürlichen und widersprüchlichen Entscheidungen der jeweiligen Ortskommandanten fürchtete.[190]

Für die Situation dieser etwa drei Wochen ist eine außergewöhnliche Quelle erhalten geblieben, die sich im Nachlass von Rudolf Schick findet: die bereits erwähnten Briefe von Hans Lembke an seinen Schwiegersohn, der in Malchow seine Stellvertretung übernommen hatte. Sie geben Auskunft über seine damalige Sicht in der Situation selbst, deren Ausgang noch unklar war, und dadurch indirekt über seinen Charakter.

Hans Lembke schrieb an seinen Schwiegersohn Rudolf am 12. Oktober 1945[191]:

> (...) Verglichen mit anderen Betrieben müssen wir aber wohl noch dankbar sein, daß wir die Sonderstellung zugewiesen bekommen haben, die uns in Aussicht gestellt ist. Mir wird es sehr schwer werden, anstatt bisher frei und voll verantwortlich zu sein, nun als Angestellter des Staates arbeiten zu müssen. Ich werde aber versuchen auch diese Umstellung zu überwinden. Hoffentlich gelingt uns dadurch die Erhaltung unseres Malchows für unsere Familie.
>
> Wenn wir uns vergegenwärtigen, daß Malchow nun schon über 400 Jahre in unserer Familie war und daß

---

[190] BA N 251/41, Bl. 69/70, Brief vom 12.10.1945.
[191] Der erste Teil dieses Briefes wurde oben in Teil I, S. 110 zitiert.

auch der Dreißigjährige Krieg mit allen seinen Schrecken, und auch alle Krisen, die später gekommen sind, den Besitz der Familie nicht haben entreißen können, so sehe ich darin einen besonderes Anlaß, auch jetzt auszuharren und zu kämpfen für das angestammte (?) Land.[192]

Hier wird seine Lebensthema deutlich: die Erhaltung des Hofes für die Familie. Er betonte in allen Briefen immer wieder, dass er nur zurückkehren würde, um die Kontinuität zu sichern in der Hoffnung, dass irgendwann das Gut wieder in den Besitz der Familie komme.

In einem Brief vom 19. Oktober 1945 schrieb er an seine „Kinder" (so die Anrede), dass ihm „vom Landratsamt mitgeteilt worden sei, dass Herr Schneider und er am Samstag oder spätestens Montag nach Schwerin kommen sollen, zum Zwecke der Wiedereinsetzung.

Die Behandlung Malchows und der Familie Lembke steht im Kontrast zur üblichen Vorgehensweise. In den meisten Fällen hatten selbstverständlich die Gutsbesitzer mit allen Familienmitgliedern den Hof innerhalb von drei Tagen zu verlassen und sich mindestens 50 km entfernt (später auf 20 km reduziert) aufzuhalten. In Malchow lebten Tochter, Schwiegertochter und Schwiegersohn mit zahlreichen Enkeln – und nur Hans Lembke persönlich musste den Hof verlassen, von den Familienmitgliedern ist nirgends die Rede.

Normalerweise flohen enteignete Gutsbesitzer direkt in die westlichen Besatzungszonen und immerhin 31 Gutsbesitzer

---

[192] BA N 2515/41, Bl. 69^v.

befanden sich noch zwei Jahre später als Internierte im berüchtigten „Speziallager Nr. 9" Fünfeichen in Neubrandenburg, wo Regimegegner, ehemalige Nazis und Denunzierte unter katastrophalen Bedingungen inhaftiert waren.[193]

Die Organisation der Saatzuchtbetriebe in der SBZ bzw. DDR wurde – wie oben schon zitiert – im April 1946 durch den Befehl Nr. 58 der Sowjetischen Militäradministration geregelt: Vier Güter – Lischow, Malchow, Gülzow und Bandelstorf – wurden zu Saatzuchtgütern bestimmt und sollten von der neugegründeten Deutschen Saatzuchtgesellschaft (DSG) Berlin verwaltet werden. Malchow wurde ein Teilbetrieb davon, die Übergabe mit genauem Protokoll über alles lebende und tote Inventar fand am 1. April 1946 statt. Als „Volkseigenes Saatzuchthauptgut" wurde Malchow vom Betriebsleiter Hans Lembke verwaltet, der z.B. über Finanzpläne, Lohnzahlungen, Versicherungen für die Fahrzeuge usw. der DSG gegenüber Rechenschaft ablegte.[194]

Bereits im Sommer 1950 wurde die Saatzucht wieder neu organisiert, das Ministerium für Land- und Forstwirtschaft übernahm die oberste Leitung. Es wurden für die Arbeit drei wissenschaftliche Institute eingerichtet – Quedlinburg, Groß Lüsewitz und Bernburg –, die Forschung und Neuzüchtung übernehmen sollten. Insgesamt elf Saatzuchthauptgüter erhielten die Aufgabe der Erhaltungszucht und Vermehrung und wurden von den Instituten angewiesen. Unter ihnen befanden sich Malchow, Lischow, Christinenfeld (früher zu Malchow ge-

---

[193] Brunner: Landesregierung, S. 240.
[194] Landeshauptarchiv Schwerin 6.21-2/3 GVVG Schwerin Nr. 3 Gebietsvereinigung volkseigener Güter.

hörend) und Bütow.[195] Groß Lüsewitz war schon 1949 der neue Arbeitsort von Rudolf Schick geworden, die Zusammenarbeit von Schwiegervater und -sohn setzte sich in anderer Konstellation also fort. Das Personal wurde vollständig übernommen.[196]
Für die nächsten zwei Jahre finden sich in den Akten Betriebsabrechnungen von Hans Lembke. Die Verluste waren hoch – z.B. für das Wirtschaftsjahr 1950 in Höhe von 123.585,98 Mark. Aber er gab gute Gründe an, warum dies so war, und schlug Änderungen vor: Er wolle die Haltung von Schweinen und Rindern vermindern, da die Felder für die Vermehrung gebraucht würden.[197] Vier Monate später führte er weitere Gründe an: Früher, in der privatwirtschaftlichen Saatzucht, seien die Einnahmen aus den Lizenzen und Züchterspannen an den Züchter als Besitzer gegangen – heute gingen sie an die staatlichen Verwaltungsstellen, ein bedeutender Verlust auf der Einnahmenseite.[198] Bemerkenswert an diesen amtlichen Briefen ist ihr sachlicher Ton – wie überhaupt in allen Epochen die Geschäftskorrespondenz von Lembke gleichmäßig sachlich und nüchtern bleibt – gleichgültig, an welche diktatorische Staatsstelle er sich richtet.
Hans Lembke wurde übrigens in den Verwaltungsrat der Deutschen Saatzuchtgesellschaft berufen, auch Rudolf Schick

---

[195] Landeshauptarchiv Schwerin 6.21.-3-6.
[196] Zu den zahlreichen Um- und Neuorganisationen und Umbenennungen in der Saatgutwirtschaft der DDR siehe Gäde: Pflanzenzüchtung in den neuen Bundesländern, Kapitel 3 und 4.
[197] Landeshauptarchiv Schwerin 6.21.-3 VVG 265:Brief Hans Lembkes an die Verwaltung VVG vom 31.5.1951.
[198] Landeshauptarchiv Schwerin 6.21.-3 VVG 265: Brief Hans Lembkes vom 19.7.1951 an die VVG/Mecklenburg.

erhielt dort Funktionsstellen („Pöstchen" nannte er es ironisch-distanziert in einem Brief.[199]); deren Liste in der Chronik der Universität Rostock ist allerdings beeindruckend.[200]
Schon im Herbst 1946 wurde Lembke zum Honorarprofessor mit Lehrauftrag in der Landwirtschaftlichen Fakultät der Universität Rostock ernannt. Der Antrag vom 30. September 1946 kam vom Dekan der Landwirtschaftlichen Fakultät, Prof. Dr. Heinz Janert, der darin die zentrale Bedeutung der Pflanzenzucht betonte und Lembke enthusiastisch als „den hervorragendsten Fachmann nicht nur Mecklenburgs, sondern ganz Deutschlands und vielleicht sogar der ganzen Welt" bezeichnete.[201] Der Rektor der Universität Rostock Prof. Dr. Rienäcker und der Kurator der Universität, ein Ministerialdirektor, bestätigten diese Einschätzung mit ihrer Unterschrift. Die landwirtschaftliche Fakultät als selbständige Lehr- und Forschungseinheit war erst ein paar Jahre vorher gegründet worden und unterrichtete 1947 79 Studenten, für die zwei Professoren zuständig waren. Der Lehrauftrag für Lembke wurde 1952 umgewandelt in eine ordentliche Professur für Pflanzenzüchtung, die er bis 1958 innehatte. Die schnelle und unbürokratische Berufung von Hans Lembke erklärt sich wohl auch aus der Anfangssituation – man brauchte dringend Fachleute für die einzelnen Spezialgebiete. Rudolf Schick wurde 1951 Professor für Züchtungsbiologie und

---

[199] BA N 2515/33, Brief Rudolf Schicks an Fräulein von Schroeder am 17.5.1946.
[200] Siehe auch die Zeittafel auf der Homepage der NPZ. http://www.npz.de/index.php/de/geschichte.
[201] Landeshauptarchiv Schwerin 6.11-21 Ministerium für Volksbildung: Schreiben vom 30.9.1946 an den Präsidenten des Landes Mecklenburg-Vorpommern.

dann 1958 als Professor für Pflanzenzüchtung Nachfolger seines Schwiegervaters. In den Jahren 1953 bis 1956 hatte er das Amt des Dekans inne und von 1959 bis 1965 leitete er als Rektor die Universität Rostock.

Die Familienkontinuität in Sachen kommerzieller Saatzucht wurde, da im Osten – nur vorläufig, wie man hoffte – ausgeschlossen, in den Westteil Deutschlands verlegt.[202] Hans-Georg Lembke hatte gleich nach seiner Ausmusterung als Soldat Anfang 1946 auf dem Gut seines Schwagers Esser in Ulenburg bei Löhne wieder damit begonnen, auf 3 ha gepachtetem Land Saatzuchtgärten anzulegen. Glücklicherweise waren einige Vermögensteile im Westen deponiert, nämlich ein Bankkonto und Außenstände von Lieferfirmen. Saatgut und die Zuchtbücher konnte er noch von Malchow aus mitnehmen. Im Juni 1946 wurde die „Norddeutsche Pflanzenzucht GmbH" NPZ gegründet. Heute trägt sie den Namen ihres Gründers im Firmennamen.

Aber das Klima war in Westfalen nicht für die Kartoffelzucht geeignet, deshalb suchte Hans-Georg Lembke in Norddeutschland nach einem geeigneten Standort. Gefunden hat er das ehemals adelige Landgut Hohenlieth bei Eckernförde, das er im Frühjahr 1952 im Zuge einer Bodenreform von der „Schleswiger Landsiedlung" kaufen konnte. Alle diese Entscheidungen erwiesen sich als sehr weitsichtig. Nach dem Mauerfall und der Wiedervereinigung konnte die NPZ das Saatzuchtgut Malchow in den Jahren 1992/93 wieder erwerben, so dass heute der älteste Urenkel von Hans Lembke, Dietmar Brauer, als Geschäftsführer

---

[202] Dieser Absatz folgt der Darstellung von G. Schröder-Lembke, Malchow, 2. Auflage, S. 66ff.

der NPZ mit seiner Familie im alten Wohnhaus seines Urgroßvaters lebt. Hans-Georg Lembke konnte dieses Happy End leider nicht mehr erleben, er starb 1965 an einem Herzinfarkt.

Die historische Bilanz der Bodenreform fällt katastrophal aus. Die soziale und wirtschaftliche Notwendigkeit einer besseren Verteilung des Großgrundbesitzes, also Aufteilung der riesigen Güter an Bauern, sei „unbestritten" gewesen, wie von unterschiedlichen politischen Positionen aus in ähnlicher Weise angeführt wird. Aber die Durchführung innerhalb kurzer Wochen im Jahr 1945 habe vor allem die Liquidierung einer politischen Klasse zum Ziel gehabt, unter Führung der sowjetischen Besatzungsmacht.[203]

Die landwirtschaftlichen Wirkungen der Bodenreform waren verheerend: Die Aufteilung an die Bauern erbrachte keine Produktionssteigerung, die Kriegszerstörungen wirkten noch lange nach, so dass der Mangel an lebensnotwendigen Gütern den Alltag der Menschen in der DDR noch Jahrzehnte beherrschte. Die Gründe des Scheiterns werden anschaulicher, wenn man liest, dass in Mecklenburg 178 Neubauernstellen unbesetzt geblieben sind, davon waren 162 ohne Wohnhäuser, 164 ohne Ställe und 172 ohne Scheunen, wie ein amtlicher Vermerk feststellt.[204] Die Akte ist voll von den technischen Schwierigkeiten und personellen Querelen, die mit der Einrichtung von Neubauernstellen für zum größten Teil unausgebildete Neubauern verbunden waren, bis hin zum eklatantem Mangel an Baustoffen

---

[203] So das Fazit von Brunner: Landesregierung, S. 241f., ausführlich S. 348-357.
[204] Die Liste der unbesetzten Stellen in: Landeshauptarchiv Schwerin 6.12-1/21, 614 Akten zur Bodenreform.

für den Bau von Wohnhäusern. Eine der Auswirkungen war, dass in der DDR Lebensmittel bis Ende der 50er Jahre noch Lebensmittelkarten rationiert werden mussten.[205]

Rudolf Schick als Beobachtungsobjekt des Ministeriums für Staatssicherheit

Im Folgenden werden nur die Stasi-Akten von Rudolf Schick ausgewertet, es geht nicht um eine erschöpfende Darstellung seines Lebens und Wirkens in der DDR, die ja nicht nur den Saatzuchtfachmann, sondern auch den Universitätsprofessor und seine akademische Tätigkeit als Dekan und Rektor der Rostocker Universität umfassen müsste. Zu allen diesen Tätigkeitsbereichen gibt es ein „Biographisches Porträt" von Gerlinde Schattenberg und Dieter Spaar, beide Fachleute auf dem Gebiet der Saatzucht. Dieses beruht auf dem Nachlass und auf den offiziellen Darstellungen des Groß Lüsewitzer Saatzuchtbetriebes – sie ist erschöpfend, was alle Fakten und Bewertungen betrifft.[206]
Mein ursprüngliches Ziel bei der Einsichtnahme in die Überwachungsakten war ja eigentlich, mehr über Hans Lembke zu

---

[205] Arnd Bauerkämper stellt detaillierte Zahlen für neue Bauernstellen, Ausrüstung und Wirtschaftsleistung zusammen in: Antinomien der Modernisierung. Die Bodenreform in Mecklenburg 1945 im Kontext der Entwicklung von Agrarwirtschaft und ländlicher Gesellschaft von 1930 bis 1960, in: Frese, Matthias u. Prinz, Michael (Hrsg.): Politische Zäsuren und gesellschaftlicher Wandel im 20. Jahrhundert. Paderborn 1996, S. 361-387, hier S. 367-376.
[206] Gerlinde Schattenberg/Dieter Spaar: Rudolf Schick, Pflanzenzüchter und Hochschullehrer. Ein biographisches Porträt. ZALF-Bericht Nr. 42. Müncheberg 2000.

erfahren – was sich als nur sehr bedingt realisierbar herausstellte. Parallel zu mir hat sich im Jahre 2013 auch der Historiker Michael Heinz für die diesbezüglichen Stasi-Akten interessiert. Als Spezialist für die mecklenburgische Agrargeschichte ging er der allgemeineren Frage nach, wie Agrarwissenschaftler von der Stasi überwacht worden sind, weil dieser Bereich bisher von Historikern vernachlässigt worden sei. Für diese Fragestellung wird Rudolf Schick zu einem herausragenden Beispiel, eine Kurzfassung der auch von mir benutzten Akten findet man in seinem Text.[207]

Im Folgenden sollen nach einer kurzen Übersicht über das Ministerium für Staatssicherheit zunächst die relevanten Stasi-Akten vorgestellt und dann deren Inhalte mit Quellen aus dem Nachlass – insbesondere Briefen – verglichen werden. Interessant wird sein, was die heimlichen Beobachter überhaupt interessiert und wie sie arbeiten. Dann kann man nachprüfen, ob sie Richtiges sehen und wie viel sie verfälschen.

---

[207] Michael Heinz: Agrarwissenschaften des Bezirks Rostock im Stasi-Fokus, in: Thünen-Jahrbuch 8/2013, S. 74-90.

Das Ministerium für Staatssicherheit

Das Ministerium für Staatssicherheit, das damals noch Staatssekretariat für Staatssicherheit (SfS) hieß, wurde Anfang des Jahres 1950 gegründet.[208] Mindestens bis 1953, in einigen Bereichen wie der Gerichtsbarkeit bis 1955/58, wurde die Staatssicherheit unmittelbar von der sowjetischen Besatzungsmacht – also vom sowjetischen Geheimdienst KGB – geleitet, d.h. sie arbeitete in direkter Befehlsabhängigkeit und war zu prompter und vollständiger Informationsweitergabe verpflichtet. Die Besatzungsmacht war mit zahlreichen militärischen und zivilen Amtspersonen in der SBZ bzw. DDR stationiert. Bis 1957 kann man das SfS also praktisch als eine Abteilung des sowjetischen Geheimdienstes betrachten. Soweit ähnelt dieser Bereich der Gesamtsituation der DDR. Alle führenden Amtsträger der DDR waren von Stalin ausgewählt worden und standen in engstem Kontakt mit der Sowjetischen Militäradministration in Deutschland (SMAD), ab 1949 mit der Sowjetischen Kontrollkommission, die die SMAD ablöste. Die Einflussnahme ging bis zu täglichen Rapports und Anweisungen. Man kann also davon ausgehen, dass nichts, was das SfS anordnete und tat, unabhängig von den Plänen und Vorstellungen der Sowjetunion war, d.h. dass alles, was sie tat und mit wem, bzw. gegen wen sie es tat, letztlich vom KGB der Sowjetunion angeordnet war.

---

[208] Ilko-Sascha Kowalczuk (Stasi konkret. Überwachung und Repression in der DDR. München 2013) bietet die neueste Darstellung mit der für unsere Fragen nötigen Detailfülle. Insbesondere die ersten zwei Kapitel über die Anfänge der Stasi sind erhellend, S. 1-147.

Eine wichtige Klarstellung: Das SfS war eine *Partei*organisation der Kommunistischen Partei Deutschlands – ungeachtet des Namens „Staats"sicherheit. Es ging nicht um die Gefährdung des Staates, sondern darum die Feinde der Partei aufzuspüren, inklusive „Verräter", nicht restlos Überzeugte und Schwankende in den eigenen Reihen. Das SfS war also ein Kaderunternehmen der KPD. Das heißt, dass Moskau nur absolut linientreue, in der Sowjetunion geschulte und jahrzehntelang bekannte Kommunisten ohne „weiße Stellen" im Lebenslauf als führende Personen der Behörde akzeptierte.

Die Zentrale in Berlin an der Normannenstraße – ein riesiger Gebäudekomplex von 29 Häusern – enthielt die Verwaltung und die Büros des Führungspersonals aller Abteilungen. Das Sachgebiet „Landwirtschaft" gehörte zur Hauptabteilung „Sicherung der Volkswirtschaft" (HA XVIII). Die Befehle des Leiters dieser HA, des Generalleutnants Alfred Kleine, wurden an die analog strukturierten Bezirksverwaltungen weitergegeben und konkret vor Ort von den Kreisdienststellen umgesetzt. Für Malchow auf der Insel Poel war die Kreisdienststelle Wismar, für Groß Lüsewitz die Bezirksverwaltung Rostock, Kreisdienststelle Rostock, zuständig.

Die Zahl der Offiziellen Mitarbeiter des MfS betrug zu Beginn (1950) wenige Tausend, stieg jedoch kontinuierlich und erreichte 1969 (Schlusspunkt meiner Akteneinsicht) ca. 37.000. Die Zahl nahm unter der Entspannungspolitik vom Grundlagenvertrag aus dem Jahr 1972 an sprunghaft zu und erreichte 1989 die Zahl 91.000.[209] Die Zahl der IM (Inoffizieller Mitarbeiter) bzw. GI

---

[209] Kowalczuk: Stasi, Tabelle S. 190, Jens Gieseke: Die Stasi 1945-1990.

(Geheimer Informator, frühe Bezeichnung bis 1968) ist sehr schwierig zu schätzen. Offensichtlich ist die im Jahre 1990 publizierte Zahl von 173.000 bis 189.000 zu hoch angesetzt, denn viele relativierende Faktoren blieben unberücksichtigt. Es gab z.B. den Abbruch der Zusammenarbeit mit dem MfS, außerdem Dekonspiration (der IM offenbart sich einem Dritten), Flucht, scheinbare Einwilligung und erfundene IM, so dass realistische Zahlen zu nennen unmöglich ist.[210]

Ein Vergleich mit den Nachrichtendiensten in der Bundesrepublik zeigt die besonderen Befugnisse und die allumfassende Zuständigkeit des MfS. Funktionen, die in der BRD (und im jetzigen Deutschland) auf vier staatliche Organe verteilt sind, wurden in einer einzigen Behörde gebündelt, und nur die Kommunistische Partei hatte eine Kontrolle. Die Rolle des Auslandsgeheimdienstes leistet in der BRD der Bundesnachrichtendienst: Informationen zu beschaffen, die im Ausland für das Land wichtig sein könnten. Als zweites gibt es in der Bundesrepublik den Verfassungsschutz, der innenpolitische Demokratiegegner beobachtet: Links- und Rechtsextreme sowie religiöse Ideologien, die politische Wirkung entfalten können, also für die demokratische Staatsordnung gefährlich werden können. Eine Sonderrolle spielt drittens der Militärische Abschirmdienst, der – wie der Name sagt – seine Informationssuche auf den militärischen Bereich spezialisiert. Und als viertes die Polizei als exekutives Organ. Was in einem Rechtsstaat mit Gewaltenteilung verboten ist, verhalf dem MfS durch diese

---

München² 2011, Tabelle S. 359.
[210] Kowalczuk diskutiert die fragwürdigen Zahlen, in: Stasi, S.209-246.

Bündelung unter einem Dach zu seiner besonderen allumfassenden Macht: alle Personen, die „auffielen", beobachten, IMs ihrer persönlichen Umgebung anwerben, Akten über sie anlegen, ihre Post mitlesen und ihre Telefone abhören, sie verhaften, verhören, ihr persönliches Eigentum durchsuchen und anklagen. Und dies alles ohne Widerspruchsrecht und Kontrolle der Dritten Gewalt. Die Gerichte konnten nur noch als ausführende Organe des MfS angesehen werden, die die formale Verurteilung erledigten.

Zum Quellenbestand

Die normalen Regeln der staatlichen Archive in Deutschland schreiben vor, dass Dokumente grundsätzlich 30 Jahre nach Entstehung frei zugänglich sind. Personenbezogene Akten sind erst 30 Jahre nach dem Tod oder – wenn das Todesdatum nicht bekannt ist – 100 Jahre nach der Geburt frei. Nach diesen Regeln hätte ich ungehinderten Zugang zu allen vorhandenen Akten haben müssen, da Hans Lembke 1966 und Rudolf Schick 1969 gestorben sind.

Aber der gesamte Aktenbestand des MfS wurde nach der Wiedervereinigung 1990 als ein geschlossenes Archiv mit Sonderregeln behandelt und als Behörde des „Bundesbeauftragten für die Unterlagen des Staatssicherheitsdienstes der ehemaligen Deutschen Demokratischen Republik" (BStU) eingerichtet. Zugang haben nur 1. die bespitzelten Personen selbst. Sollten sie nicht mehr leben, 2. deren „nahe Verwandte", jedoch nur soweit es darum geht, Ereignisse der DDR „aufzuarbeiten". 3. Historiker, die ein Forschungsprojekt mit einer entsprechenden Fragestellung verfolgen. Der Sinn dieser Sonderregeln war und ist, dass alle Opfer von MfS-Überwachung sofort ungehinderten Zugang zu „ihren" Akten haben sollten, jedoch dieser Zugang für Außenstehende – Journalisten, Politiker – aus Personenschutzgründen nicht möglich sein sollte. Im Jahre 2012 wurde entschieden, dass diese Regeln bis 2019 gelten sollen. Dieser Sonderstatus der Aktenbehörde wird aber inzwischen – 25 Jahre nach der deutschen Einheit – immer wieder diskutiert.[211]

Auf meine Anfrage hin, ob ich als Enkelin von Hans Lembke ein Recht auf Akteneinsicht habe, wurde mir erklärt, dass ich keine Veranlassung vorweisen könne, da es ganz offensichtlich nicht um die „Wiederherstellung der Ehre des Verstorbenen" gehe. Akten über Rudolf Schick konnte ich sowieso nicht anfordern, da ich als Nichte keine „nahe Verwandte" bin.

Also habe ich mich entschlossen ein historisches Forschungsprojekt zu formulieren. Mein Antrag enthielt Fragestellungen für eine „politische Biographie" meines Großvaters im Vergleich seiner Lage im „Dritten Reich" und in der DDR-Diktatur.

Ich erhielt von der BStU fünf Akten (praktisch vollständig) und mehrere kleinere Konvolute und Einzelblätter aus anderen Akten als Kopie zugeschickt, allerdings nicht zu Hans Lembke, sondern zu Rudolf Schick. Kopien seien notwendig, so die Archivarin der BStU telefonisch, da alle personellen Angaben geschwärzt werden müssen – egal, wie lange die Person tot ist. Das war dann

---

[211] Siehe Wolfgang Thierse in der „Welt" vom 26.4.2013.
http://www.welt.de/kultur/article115651555/Wir-sollten-die-Sonderbehoerde-aufloesen.html (Lesedatum 2.12.2015).

auch reichlich der Fall: Alle Namen sind anonymisiert, nicht selten auch ganze Abschnitte unlesbar gemacht. Nur die beiden mich interessierenden Personen Hans Lembke und Rudolf Schick und die IM-Personen – damals noch G(eheimer I(nformator) genannt – sowie die hauptamtlichen Stasimitarbeiter erscheinen mit Namen.

Der Zeitraum der Berichte reicht vom Sommer 1950 bis zum Herbst 1965. Es gab drei Anlässe für das SfS (später MfS), jeweils wieder neu einen „Überprüfungsvorgang" der Beobachtung gegenüber Rudolf Schick zu eröffnen. Gesonderte Überwachungsakten über Hans Lembke gibt es offenbar nicht, wobei nicht ausgeschlossen werden kann, dass Akten über ihn zerstört wurden. So die Vermutung von Michael Heinz, der aus seiner Aktenkenntnis die Schlussfolgerung zog, dass für die Auslandsreisen von Hans Lembke in jedem Fall Akten existiert haben mussten, da Reisekader grundsätzlich überwacht wurden. Gerade diese Auslandsakten sind aber fast vollständig in Zuge der „Friedlichen Revolution" 1989/90 von den MfS-Mitarbeitern zerstört worden. Vielleicht habe auch ein hochgestellter Parteikader „seine Hand über ihn gehalten" und man müsse außerdem davon ausgehen, dass viele Verabredungen auch nur mündlich getroffen wurden.[212]

Grundsätzlich entstand eine Stasi-Akte in einem dreistufigen Prozess. Sie wurde als erstes angelegt, wenn ein MfS-Mitarbeiter einen „Überprüfungsvorgang" anregte: Ein wirtschaftliches oder gesellschaftliches Problem fiel auf, schien ungelöst und musste genauer untersucht werden. Diese Überprüfungsvorgänge waren

---

[212] Telefongespräch mit der Verfasserin am 5.12.2012.

eine Art Vorermittlung, die gegebenenfalls als zweiter Schritt in einen „OV" – Operativen Vorgang – münden sollten: Die eigentliche Ermittlungsphase war damit eingeleitet. Bestätigte sich durch die Ermittlungen der Verdacht des OV, wurde – drittens – Anklage erhoben, die vor Gericht verhandelt wurde und mit einem Urteil endete, in den allermeisten Fällen mit einer Verurteilung. Ein Überprüfungsvorgang konnte aber auch zum „Beobachtungsvorgang" abgeschwächt, sozusagen rückgestuft werden: Der eigentliche Verdacht hatte sich nicht bestätigt, jedoch blieben einige ungeklärte Fragen, bzw. man sah Merkmale, die eine weitere Aktenführung motivierten, eventuell unter einem neuen Fokus. Alle Überprüfungsakten in Sachen Rudolf Schick mündeten in einem Abschluss: „Keine Erkenntnisse gewonnen", also wurde kein OV weiter bearbeitet, es blieben also bis zu seinem Tod 1969 Vor-Ermittlungen.[213]
Der Zeitraum der Überwachung begann am 23. August 1950 (!) – Schicks Akte war eine der ersten „Überprüfungsvorgänge" nach Gründung des „Staatssekretariats für Staatssicherheit" samt „Verwaltung Mecklenburg, Abteilung Rostock" Anfang 1950. Er endete mit Abschluss des „Operativ-Vorgangs" mit Namen „Forschung" im April 1967. Damit hat die Beobachtung durch das MfS praktisch Rudolf Schick durch sein ganzes Berufsleben in der DDR hindurch begleitet. Die zeitlichen Lücken zwischen den offiziellen Akten-Daten werden intern zum Teil durch Abschriften früherer Berichte geschlossen.

---

[213] Zu diesen unterschiedlichen Kategorien der Akten siehe Kowalczuk: Stasi, S. 211.

So ergibt sich folgender Aktenbestand:

I. Zeitraum:	1950 (August) bis 1952 (April):
	MfS BV Rst AOP 48/52, Einzelvorgang 188/50 „Kuchen"
	1952 (Mai) bis 1954 (September):
	keine Akten – 2 ½ Jahre
II. Zeitraum:	1955 (März) – mit Vorlauf ab Oktober 1954 – bis 1959 (Januar):
	MfS BV Rst AOP 92/56: zwei Akten:
	33/55 Überprüfungsvorgang
	11/56 Beobachtungsvorgang
	1959 (Januar) bis 1965 (Februar):
	keine Akten – 6 Jahre
III. Zeitraum:	1965 (März) bis 1967 (April):
	MfS BV Rst AOP 716/67
	Band 1 und 2[214]

Im September 1969 starb Rudolf Schick.

Jeder dieser zusammengehörigen Aktenvorgänge wird im Folgenden für sich referiert und jeweils mit Hilfe der historischen Literatur und anderer Quellen in einen größeren Zusammenhang gestellt, um seinen Inhalt angemessen beurteilen zu können.

---

[214] In Band 1 zu Beginn der „Operativen Vorlaufsakte" (6.3.1965) wurden „aus dem Archiv" GI-Berichte zu Schick angefordert, die in Gestalt von Abschriften mit Daten ab Dezember 1962 (S. 13-30) – also deutlich vor dem Anlegen dieser Vorlaufakte – auch tatsächlich einliegen. (GI: „Hans-Georg"). Sie stammen vielleicht aus einer Akte zu einer anderen Person, die mit Schick in Verbindung stand.

Zeitraum 1950 bis 1952: Die Kartoffelsabotage

Die Vorwürfe der „Wirtschaftssabotage und Zugehörigkeit zu einer Agentengruppe" (S. 4[215]) gegen Rudolf Schick stehen am Anfang der Akte ab 23. August 1950. Grund (oder Anlass) ist die Feststellung der „Verwaltung für Staatssicherheit – Land Mecklenburg" in Schwerin (die Amtsbezeichnungen sind zu diesem frühen Zeitpunkt noch wechselnd.) am 19. Juli 1950, dass das Kartoffelsaatgut, das Ende 1949 von Rudolf Schick in Holland eingekauft worden war, nur zu 30% aufgelaufen war, also sich zum großen Teil als unbrauchbar erwiesen hatte. VP-Inspekteur Roßner in Schwerin ordnete deshalb gegenüber der Abteilung Rostock an, dass Schick „bearbeitet" werden müsse. Parallel fragte dieselbe Stelle (ob es dieselbe Person ist, ist wegen Schwärzung der Namen nicht zu erkennen) in Rostock nach, wie viele Saatkartoffeln jeweils privat oder im volkseigenen Sektor angebaut würden.

Offenbar begab sich daraufhin der Adressat dieser Briefe, VP-Kommandeur Bruhn in Rostock, in den folgenden Tagen nach Groß Lüsewitz, um mit Schick zu sprechen. Dieser hatte im Vorjahr die Leitung des Forschungsinstituts übernommen. Von dem Besuch des VP-Kommandanten wissen wir, weil Schick am 26. Juli 1950 einen fünfseitigen Brief an Bruhn/Verwaltung für Staatssicherheit, Rostock, schrieb, „im Anschluss an unsere Unterredung in Groß Lüsewitz". Hierin erklärte er detailreich den Grund für die Verluste bei der Kartoffelernte und geht

---

[215] Ich zitiere die einzelnen Aktenstücke in der heutigen Seitenzählung der BStU.

ausführlich auf mehrere Personalien ein, die mit der Einrichtung des ehemaligen Landesguts Groß Lüsewitz als volkseigenes Institut für Pflanzenzüchtung zusammenhingen, die die Arbeit des vorangegangenen Jahres 1949/50 bestimmt hätten. Der Wechsel vom alten zum neuen Betriebsleiter und die Entlassung mehrerer Angestellten und deren Widerstand dagegen hatten offenbar erhebliche Unruhe im Institut ausgelöst. In diesem Zusammenhang gab Schick eine prinzipielle Stellungnahme ab, die – meiner Einschätzung nach – vom Adressaten übelgenommen wurde und zur Einrichtung der Akte führte. Schick schrieb:

> Ich habe volles Verständnis dafür, dass die staatliche Kontrolle allen Vorgängen auf einem volkseigenen Gute nachgehen muss, ich habe aber kein Verständnis dafür, dass infolge der staatlichen Kontrolle Unruheherde in einem Betrieb, die sich auf die Arbeitsmoral zweifellos außerordentlich nachteilig auswirken (...) durch wiederholtes Aufrollen der gleichen Dinge nie zum Erlöschen kommen. (...) Ich habe mich (in einem Fall der Entlassung, CT) nicht eingeschaltet, weil es eine Angelegenheit war, die vorwiegend von Partei-Interessen der SED bestimmt war. (...)[216]

VP-Kommandeur Bruhn zitierte diese Stellen aus Schicks langem Schreiben in seiner Antwort am 27. Juli 1950 auf eine Anfrage aus Schwerin und fasste seinen Eindruck so zusammen:

> Schick (spielt) (...) auf dem VEG Groß Lüsewitz eine ziemlich undurchsichtige Rolle, in einer doppel-

---

[216] MfS BV Rst AOP 48/52, S. 9.

zünglerischen Art spielt er die Angestellten des Gutes
gegen die SED-Betriebsgruppe aus. (...) Schick wird
von uns konspirativ bearbeitet.[217]

Eigentlich zeigte Schick nur, dass er selbstständig seine Führungsrolle als Direktor im Betrieb verantwortungsvoll übernommen hatte. Es ist gut vorstellbar, dass in der Übergangszeit, in der noch die früheren Angestellten auf dem Gut Groß Lüsewitz beschäftigt waren, die Arbeit unter den Folgen der Enteignung litt. Das Herrenhaus war in Besitz der Familie Thyssen gewesen und von 1945 bis 1949 als Tbc-Krankenhaus genutzt worden.[218]

Dass er die Partei nicht nur positiv sah, sondern konkret das Verhalten ihrer Vertreter kritisch beobachtete, führte zur „konspirativen Bearbeitung" – nicht das Kartoffelsaatgutproblem, das also nur vorgeschoben zu sein scheint.

Denn ein sachlicher Grund für die schlechte Keimfähigkeit der Kartoffeln war offenbar schon bald gefunden und Bruhns sprach ihn deutlich aus (S. 10, Bericht vom 27.7.1950). Die Ursache liege in „unsachgemäßer Lagerung und Überhitzung". In diesem Sachstandsbericht ist von Schick nicht die Rede, obwohl er am selben Tag in derselben Angelegenheit an denselben Adressaten wie der oben erwähnte Brief geschrieben wurde.

Also wurde – so mein Eindruck – das Kartoffelproblem nur zum Anlass genommen, um Schick genauer zu überprüfen. In seinem langen Schreiben und an anderen Stellen der Akten sind immer wieder deutliche Bekundungen von seinem Engagement in der

---

[217] MfS BV Rst AOP 48/52, S. 4 und S. 9.
[218] http://www.gutshaeuser.de/guts_herrenhaeuser/gutshaeuser_g/gutshaus_herrenhaus_schloss_gross_luesewitz (Lesedatum 17.8.2015)

jungen Republik zu lesen. Jedoch spürt man immer wieder das unabhängige Denken, die professionelle Urteilskraft, die quer zum konformen Parteidenken denkt.

In der Folge wurde aus der „konspirativen Bearbeitung" von Schick ein Kollektivvorwurf: Gegen insgesamt zwölf Landwirte und Sachbearbeiter in der Deutschen Saatzuchtgesellschaft, die alle mit Kartoffelzucht zu tun hatten, wurden in einem „Bericht" am 25. Oktober 1950 von VP-Kommandeur Michelsberger (Schwerin) sieben Vorwürfe aufgelistet. Auch Hans Lembke war als Nr. 2 unter den Angeschuldigten. Die Vorwürfe reichen von „Verbindungen nach dem Westen", Abneigung gegen Kartoffelkauf in den Volksdemokratien bis zur Nichtbeachtung von SED-Fünfjahresplänen (S. 30-35).[219] Die Schlussfolgerung ist die Forderung, dass die „alten reaktionären Kräfte (...) entfernt werden und unserer Wissenschaft und den jungen Kräften des Fortschritts dadurch der Weg freigemacht wird." (S. 35) Sieht es hier nicht ganz danach aus, als ob es in Wahrheit um einen Versuch geht, Stellen für die eigene (Partei-)Seilschaft freizubekommen?

Aber aus diesen Anschuldigungen folgte nichts. „Der Vorgang ruht, da z. Zeit keinen Mitarbeiter für MAS (?)", notierte Bruhn handschriftlich am 21.1.1951 (S. 36).

Es folgt in der Akte ein Vernehmungsprotokoll über die Aussagen eines „landwirtschaftlichen Arbeiters" aus Groß Lüsewitz (Name geschwärzt, 22.1.1951, S. 37): ein Denunziantendokument. Es geht um den Empfang von westdeutschen Fachzeitschriften durch Schick, um Kritik an der

---

[219] Eine detaillierte Wiedergabe der „Beweise" erscheint mir unnötig.

Arbeitsorganisation, um Schicks „reaktionäre" Haltung, um seine Stellungnahmen in einzelnen Gemeindeangelegenheiten[220] gegen die Position der örtlichen SED, um Personalentscheidungen (der frühere Gutsverwalter wurde weiter beschäftigt) und darum, dass zu wenige Angestellte des Instituts SED-Mitglied seien und sich stattdessen der „Gesellschaft für Deutsch-Sowjetische Freundschaft"[221] angeschlossen hätten. Auch aus dieser Vernehmung ergaben sich keine (für mich) sichtbaren Konsequenzen.

Am 15. September 1951 erbat ein Telegramm der Verwaltung für Staatssicherheit Schwerin (Schrammboehmer) eine ganz schnelle Nachricht über Schick, der den Nationalpreis 1951 bekommen sollte. Die positive Charakteristik vom 20. September 1951 von Ob. Rat (geschwärzter Name) scheint die Antwort zu sein: Schick erhielt – gemeinsam mit Hans Lembke – am 7. Oktober den Nationalpreis 1951 II. Klasse (S. 40).

Dieser Text – eine Mischung aus Lebenslauf und Charakteranalyse – enthält eine Reihe sachlicher Fehler in den Angaben der Lebensstationen. Außerdem wird Schick als „fanatischer Anhänger von Mitschurin" (dem Lehrer von Lyssenko) bezeichnet. Dies macht einen unvoreingenommenen Betrachter stutzig, da Mitschurins Theorie der Vererbbarkeit von

---

[220] Für mich überraschend wird aus der Schilderung des Konflikts um einen „Kirchenweg" – eine Abkürzung zur Kirche, den die Dorfbewohner benutzen – deutlich, dass sich die örtliche SED-Gruppe zugunsten der Kirchgänger einsetzt – dies entspricht nicht der späteren antikirchlichen Generallinie der SED.
[221] Die DSF war die zweitgrößte Massenorganisation der DDR und die Mitgliedschaft Voraussetzung für beruflichen Erfolg, http://www.hdg/lemo (Lesedatum 20.10.2015), und „Mindestnachweis ‚gesellschaftlicher Aktivität'", http://runde-ecke-leipzig.de/ (Lesedatum 20.10.2015).

erworbenen Eigenschaften als naturwissenschaftlich falsch betrachtet wird. In den ideologischen Kämpfen Anfang der 50er Jahre aber wollte die SED, dass sich eine „marxistische Naturwissenschaft" vom „bürgerlichen, reaktionären" Genetiker Mendel absetzte. Zitate aus Vorlesungen von Rudolf Schick zeigen allerdings deutlich, dass er Lyssenko und Mitschurin sehr kritisch gegenüberstand.[222] Die oben zitierte Aussage muss man also wohl als ein bewusst parteiisch konstruiertes Lob verstehen – da möchte ihn jemand fördern und schützen.

Der Nationalpreis wurde in mehreren Kategorien verliehen, für Leistungen in Wissenschaft und Technik, in Literatur, Kunst usw. Die beiden Saatzüchter erhielten ihre Medaillen (und 50.000 Mark für den 2. Preis) vom Staatsratsvorsitzenden Ulbricht persönlich überreicht. In der DDR gab es eine wahre Flut von Auszeichnungen und Preisen, für besondere berufliche und gesellschaftliche Leistungen, sozusagen – salopp ausgedrückt – das Zuckerbrot der Belobigung als Gegengewicht gegen die Peitsche der Repression. Die frühe Auszeichnung zeigt, dass die DDR die Saatzüchter als Fachleute brauchte.

Die Akte endet mit zwei Berichten des „Informators" „Traktor" (1. und 16.11.1951), der sich sachlich und positiv wertend zur Arbeit von Schick äußert. Hier erscheint letztlich wieder die sachliche Erklärung des Fehlschlags mit den Kartoffeln aus Holland: falsche Lagerung und Fehler bei der Aussaat. Schick wird geradezu humorvoll zitiert, dass er nicht in den Kartoffeln drinstecke. Der Rest sei Schicksal.

---

[222] Schattenberg (Schick, S. 135-137) zitiert in diesem Sinne aus mehreren Vorlesungen von Schick als Professor für Züchtungsbiologie.

Am 29. April 1952 wurde der Operative Vorgang „Kuchen" abgebrochen: Es hätten sich keine Erkenntnisse für „Wirtschaftssabotage" ergeben. Die Akte wurde archiviert. Der Informator „Traktor" spielte für diese Entscheidung eine große positive Rolle.

Allgemeine Erkenntnisse über MfS-Akten der Jahre 1950/52

Ein Blick in die Literatur über Akten des MfS zeigt: Diese Akte ist ein typisches Beispiel von vielen sehr ähnlichen der frühen DDR-Zeit. Anklagen wegen Sabotage oder Spionage waren zu Beginn der 50er Jahre an der Tagesordnung: Das MfS als reines Repressionsinstrument zeigt sich hier. Direkt nach Gründung der DDR im Oktober 1949 begann eine Kampagne gegen alle bürgerlichen „Spione" und „Verräter", die sich der Sabotage und Spionage schuldig gemacht hätten. Politische Schauprozesse demonstrierten die Kampfbereitschaft der jungen Republik und mussten als Warnungen verstanden werden. Der Historiker Kowalczuk verweist auf den Dessauer Schauprozess von April 1950 gegen hochrangige Wirtschaftsfachleute und ehemalige Politiker.[223] Inszenierte Kampagnen gegen bürgerliche, kapitalistische und faschistische Feinde in Inneren und im Ausland beherrschten die DDR-Medien. So wurden auch alle Schwierigkeiten in den materiellen Verhältnissen der DDR auf Sabotage zurückgeführt. Man brauchte eine politische Ursache, die am bequemsten als Verschwörungstheorie zu konstruieren war. Mängel, Fehlentwicklungen, Schwierigkeiten wurden nicht

---

[223] Kowalczuk: Stasi, S. 92-95.

sachlich im jeweils betroffenen Bereich versucht, Abhilfe zu schaffen, sondern ihre Ursache wurde in der Untergrundarbeit und Opposition des Klassenfeindes gesehen. Alles wurde auf die List und Tücke und die bösen Absichten einzelner Kommunistenhasser zurückgeführt.

Dem lag nicht nur Paranoia zugrunde, sondern auch eine realistische Einschätzung der Geheimdienste im Kalten Krieg. Es gab tatsächlich westliche Geheimdienstspionage in Ostberlin und anderen Städten der DDR, sowohl im militärischen, als auch im wirtschaftlich-industriellen und politischen Bereich. Historiker gehen von 2.324 Verdachtsfällen bzw. 1.382 überführten Personen aus, die in der DDR Spionage getrieben haben. Umgekehrt weiß man heute aus dem MfS-Archiv, dass ca. 12.000 Personen im Westen mit Spionage beschäftigt waren.[224]

---

[224] Maddrell, Paul: Im Fadenkreuz der Stasi. Westliche Spionage in der DDR, in: VfZ 2/2013, S. 141-171. Als Quelle hat Maddrell die Akten der MfS HA IX von 1955 bis 1989 benutzt. Zahlen für Westspione S. 170f., für DDR-Spione im Westen S. 166, FN 160.

Zeitraum 1955 bis 1959: Der Fall Dr. Baltzer

Zweieinhalb Jahre später ergab sich ein neuer Anlass für das Eröffnen eines weiteren „Überprüfungsvorgangs" gegen Rudolf Schick: die Verhaftung, Vernehmung und Verurteilung des für Kartoffelzüchtung zuständigen Saatzuchtleiters im Volkseigenen Saatgutbetrieb Bütow.[225] Der Name ist zwar in allen Kopien der Akten geschwärzt, ich nehme aber an, dass es sich um einen Dr. Baltzer (oder Balzer) handelte, der ab 1953 als Saatzuchtleiter auf dem Saatzuchtgut Bütow arbeitete. Denn aus den mündlichen Angaben eines Mitarbeiters von Schick, Dr. Dietrich Rothacker[226], die im „Biographischen Porträt" zum Institut in Müncheberg abgedruckt sind, ergibt sich die Identifikation[227]. Eine weitere Spur findet sich in einer Meldung des „Neuen Deutschland" vom 15. Dezember 1954, wo unter der Überschrift „Erhöhte Wachsamkeit in der Landwirtschaft" der Bütower Saatzuchtleiter Dr. Baltzer als amerikanischer Spion bezeichnet wird.[228]

Aus den diesen Fall betreffenden MfS-Akten, zu denen ich

---

[225] Die wichtigsten Akten sind: BStU MfS BV Rst AOP 92/56: Überprüfungsvorgang 33/55 und Beobachtungsvorgang 11/56. Zitiert werden sie als BStU 33/55 und 11/56. Außerdem wurden mir Auszüge aus den Ermittlungsakten des Prozesses zugänglich gemacht: BStU Archiv der Zentralstelle MfS AU Nr. 126/55, Bd.1, 3 und 9 (Beiakte), Ermittlungsverfahren MfS Abt.IX, 316/54. Dazu kommen Ausschnitte aus: MfS BV Rostock AP 1552/70 Handakte (Name geschwärzt).
[226] Laut Aktenvermerk des Hauptamtlichen Mitarbeiters Wiegand ist eine „Verpflichtung" dieses Schick-Mitarbeiters als IM nicht gelungen. VM vom 10.6.1955 BStU 33/55, S. 36.
[227] Schattenberg: Schick, S. 130.
[228] http://www.nd-archiv.de/ausgabe/1954-12-15 (Lesedatum 2.12.2015).

Zugang erhielt, da häufig Rudolf Schick erwähnt wird, ergibt sich
– kurzgefasst – folgender Sachverhalt:[229]
Dr. Baltzer wurde im Frühjahr 1953 als Saatzuchtleiter in Bütow eingestellt. Das Verfahren gegen ihn war dann ein Jahr später am 23. März 1954 als „Überprüfungsvorgang" mit der durch IMs vorgebrachten Anschuldigung einer „Schädlingstätigkeit im volkseigenen Saatzuchtbetrieb Bütow" begonnen worden.[230] Monatelang wurde so viel belastendes Material gesammelt, dass Baltzer im September 1954 verhaftet wurde. Die Anklage besagte, dass er nematodenverseuchte Saatkartoffeln in Bütow eingepflanzt und so versucht habe mit Vorsatz der Kartoffelzucht der DDR zu schaden. Er wurde im Herbst und Winter 1954/55 Dutzende Male verhört, mit dem offensichtlichen Ziel, dass er sich selbst der Sabotage und der Lüge bezichtigen würde.[231] Am 6. Mai 1955 erging in einem nicht öffentlichen Prozess vor dem Landgericht Rostock das Urteil: Wegen Spionage und Schädlingstätigkeit sollte Dr. Baltzer zwölf Jahre ins Zuchthaus. Im November 1956 wurde er vorzeitig entlassen und am 1. Januar 1957 auf dem Gut Groß Lüsewitz in der Versuchsstation Vorderbollhagen eingestellt, offensichtlich auf Veranlassung von

---

[229] AZ für das Ermittlungsverfahren gegen Baltzer: MfS Abt. IX, 316/54, Archiv-Nr. MfS AU Nr. 126/55, Band 1, 3 und 9; AZ zum „Überprüfungsvorgang" gegen R. Schick, der daraus folgt: MfS 33/55.
[230] Dies ergibt sich aus einer „Analyse" vom 3.9.1954 über den Überprüfungsvorgang 59/54, in: BStU MfS Abt. IX 316/54 Bd. 1, S. 33.
[231] Das sind die Verhörprotokolle, die ich als Kopie erhalten habe. Die akteneigene Blattzählung zeigt, dass diese Blätter nur einen Ausschnitt von den vermutlich pausenlosen Verhören wiedergeben, denen der Saatzuchtleiter unterzogen wurde. Zitate werden im Text angegeben.

Rudolf Schick.[232]

Die Rollen, die Schick in diesem Verfahren gespielt hat, werden in einem „Sachstandsbericht" vom 6. Oktober 1955 zusammengefasst. Zunächst gehörte Schick im Herbst 1954 einfach zum beruflichen Umfeld des Angeklagten, also zu den Personen, mit denen Dr. Baltzer häufigen Kontakt hatte und die auch weitere Saatzüchter kannten, die inzwischen die DDR verlassen hatten. Dann aber kam erschwerend hinzu, dass Schick sich mehrfach sehr kritisch öffentlich dahingehend geäußert hat, dass dieser Prozess unfair, da nicht öffentlich, geführt werde, dass der Angeklagte unschuldig sei und das Urteil viel zu hart. Zu beiden Komplexen gibt es weitere Quellen, deren Auswertung gut die Arbeitsweise des MfS zeigt.

Die allgemeine Rolle von Schick als beteiligter Fachkollege wird in einem dreiseitigen schriftlichen „Geständnis" des Dr. Baltzer thematisiert, das er in der Untersuchungshaft abgelegt hat, in der mir vorliegenden Abschrift leider ohne Datum.[233] Er gibt hier Westreisen in Sachen Kartoffelzucht zu, wodurch er Kontakt mit westdeutschen kapitalistischen Kartoffelzüchtern gehabt habe. Dies alles habe Prof. Schick im vorherein gewusst und gebilligt – so wird es mehrfach von Baltzer beteuert. Schick selbst sowie Prof. Lembke und drei andere Saatzüchter (auf meiner Kopie drei geschwärzte Namen) seien ja ebenfalls zum fachlichen Austausch in Westdeutschland gewesen.

Offensichtlich hat das MfS daraufhin in den Verhören Baltzers

---

[232] So die Zusammenfassung in dem „Bericht" einer „Aussprache mit einem GI" vom 30.11.1956, in: BStU MfS BV Rostock AP 1552/70, S. 9, und am 27.11.1956, S. 14.
[233] MfS AU Nr. 126/55 Band 9 (Beiakte) S. 85-87

die Rolle, die Schick für den Beschuldigten gespielt hatte, gesondert unter die Lupe genommen. Gemäß der Vernehmungsprotokolle des Dr. Baltzer mit dem Thema „Schick" am 9., 10., 16. und 17. Dezember 1954 und am 5., 6., 10., 11., 12. und 14. Januar 1955 wurde er konkret zu Schick befragt, wobei jeden Tag in immer neuen Schleifen dieselben Fragen gestellt wurden.[234] Man fragte nach seinem Verhältnis zu Schick und zu den dienstlichen Besprechungen in Groß Lüsewitz. Des Weiteren ging es um die Verbindungen von Schick nach Westdeutschland und um seine politischen Ansichten. Baltzer bezichtigte sich selbst der Lüge gegenüber Schick bei der Besprechung der Probleme mit den Saatkartoffeln in Bütow. Schick habe annehmen müssen, dass sein Fehler nur ein Irrtum, keine verbrecherische Absicht gewesen sei, um die DDR zu schädigen. In Wirklichkeit habe er dies alles aber getan um Sabotage zu betreiben. Seine Selbstbeschuldigung ging noch einen Schritt weiter, indem er „zugab", dass er das Renommee von Schick ausnutzen wollte, der als der oberste Kartoffelzüchter der Republik galt, indem er sich vor dem Richter auf Schicks fachliches Urteil bei den Saatkartoffeln berufen wollte, um sich selbst zu schützen.

Diese „Selbstkritik" war ein Ergebnis der Verhöre, die den Beschuldigten zu einem Geständnis zwingen sollten. Die humanen Zeitangaben in den Protokollen mit Mittagspause – 8 Uhr bis 13 Uhr, 14 Uhr bis 17 Uhr –, die an einen Büroarbeitstag erinnern, sind reine Makulatur. Dr. Baltzer selbst

---

[234] Protokolle in BStU Ermittlungsverfahren MfS Abt. IX, 316/54 MfS AU 126/55 Bd. 1,3 und 9.

schilderte nach seiner Haftentlassung am 28. November 1956 in Gesprächen mit den Kollegen in Groß Lüsewitz die Haftbedingungen: Er sei „durch langanhaltende Verhöre (Tag und Nacht) sowie durch Anblenden mit einer Tischlampe völlig zermürbt worden".[235] Ein paar Tage später hörte der GI „Hubert" weitere Einzelheiten der Vernehmungen, die Dr. Baltzer privat im Kollegenkreis erzählte. Er sei gezwungen worden unwahre Aussagen zu unterschreiben, man habe ihm vorgelogen, dass Schick und andere Kollegen „gestanden" hätten, er sei der „einzigste (sic!), der sich noch weigert".[236] Deshalb habe er die Protokolle unterschrieben.

Ein erster Ermittlungsbericht über die Person Schick auf Anweisung der Bezirksverwaltung Rostock vom 25. Oktober 1954 wurde am 29. Oktober 1954 erstellt, mit der Planung der Überwachungsmaßnahmen, die vor allem durch Gespräche mit IMs realisiert wurden. Hier wird ihm gute fachliche Arbeit bescheinigt, ebenso Geschick im Umgang mit Arbeitern und Wissenschaftlern, und er „habe eine positive Entwicklung in politischer Hinsicht durchgemacht".[237]

Diese Einschätzung führte etwa vier Monate später zum regelrechten Überprüfungsbeginn. Am 2. März 1955 wurden für den Überprüfungsvorgang eines Dr. (Name geschwärzt) auch für Schick die üblichen Maßnahmen ergriffen: Postumleitung, GI-

---

[235] Aus einem Bericht vom 30.11.56, der über eine „Aussprache" mit einem GI die Erzählungen Dr. Baltzers zitiert. In: BStU Außenstelle Rostock MfS BV Rostock AP 1552/70 (Handakte) S. 8f.
[236] Bericht vom 30.11.1956 des hauptamtlichen MfS-Mitarbeiter Stein, S. 8, und Bericht 11.12.1956, S. 10, in: BStU Außenstelle Rostock MfS BV AP 1552/70 (Handakte).
[237] BStU 33/55, Ermittlungsbericht 29.10.1954, S. 13-17.

Berichte, Telefonüberwachung und Gespräche.[238]
Alle Aktenstücke im Folgenden beschäftigen sich mit den beiden Wissenschaftlern gemeinsam. Ausdrücklich wurde der Zusammenhang zum Fall Baltzer hergestellt. Entweder ist diese Anweisung als Reaktion des MfS auf die Geständnisse von Baltzer zu verstehen, die im Dezember 1954 und Januar 1955 stattfanden. Außerdem gab es Parallelen: Auch Schick selbst war häufig in Westdeutschland unterwegs, besuchte die Tagungen der Kartoffelzüchter und kontaktierte westliche Fachkollegen. Oder es reichte zum Verdacht bereits grundsätzlich aus, zum beruflichen Umfeld des Angeklagten zu gehören. Jedenfalls wird die „operative Bearbeitung" mit dem Verdacht begründet, dass „Schick mit amerikanischen Dienststellen zusammenarbeitet und von diesen Aufträge erhält."[239] In einem späteren Schriftstück wird behauptet, dass der Sekretär des ZK Mückenberger diesen Verdacht geäußert und die Überprüfung forciert habe.[240] Erich Mückenberger (1910-1998) war ein hoher Parteifunktionär mit zahlreichen Ämtern. In den 50er Jahren veröffentlichte er eine Schrift zur „politischen Massenarbeit auf dem Lande und die Aufgaben in der Landwirtschaft". 1995 wurde er wegen „Totschlags und Mitverantwortung für das Grenzregime der DDR" angeklagt, wegen Verhandlungsunfähigkeit wurde der Prozess dann allerdings ausgesetzt.[241]

---

[238] BStU 33/55, S. 8.
[239] BStU 33/55 Schreiben der SfS Hauptabteilung III an die Bezirksverwaltung Rostock am 2.3.1955, S. 7.
[240] BStU 33/55, S. 103, Schreiben vom 2.3.1955 an das SfS Rostock und BStU 11/56, S. 62 Bericht des U.Leutnant Stein am 5.1.1957 rückblickend, S. 3.
[241] Biographische Angaben aus dem Handbuch Wer-ist-wer-in-der-DDR, online: http://www.bundesstiftung-aufarbeitung.de/wer-war-wer-in-der-ddr-

Der eigentliche „Überprüfungsvorgang" 33/55 begann am 25. März 1955, mit ihm betroffen war ein Dr. (Name geschwärzt, ein Kollege aus Groß Lüsewitz[242]), und wurde ein gutes Jahr später zum „Beobachtungsvorgang" mit Datum des 1. Mai 1956 herabgestuft.[243]. Die Begründung lautete: Der Verdacht der Feindtätigkeit (Spionage und Schädlingstätigkeit) habe sich nicht bestätigt. Trotzdem blieben Schick und sein Kollege in Überwachung, da sie beide ehemalige Angehörige der NSDAP gewesen seien und aus beruflichen Gründen „Verbindungen nach Westdeutschland und ins Ausland unterhalten"[244]. Dieser Beobachtungsvorgang – eine niedrigere Stufe gegenüber dem „Überprüfungsvorgang" – wurde erst am 9. Januar 1959 beendet, die Akte damit geschlossen.

Die zweite Rolle von Schick als am Prozess beteiligter Sachverständiger und öffentlicher Justizkritiker ist Thema aller Vernehmungsprotokolle, GI-Berichte, abgefangenen und offiziell empfangenen Briefen und der internen Berichterstattung[245]. Rudolf Schick wollte selbst – gemeinsam mit Fachkollegen – im Prozess gegen Dr. Baltzer eine erhebliche Rolle zur Entlastung

---

%2363%3B-1424.html?ID=2382 (Lesedatum 20.08.2015)
[242] Die Stasi-Akten dieses Kollegen laufen parallel mit den Dokumenten über Schick, ohne dass für mich eine Identifizierung möglich ist.
[243] BStU 11/56 (Teil der Akte 92/56). Der Sachstandsbericht (8 Seiten) 7.12.1955, Bl. 67-74, enthält die Zusammenstellung aller „Erkenntnisse" des hauptamtlichen Mitarbeiters Unterleutnant Stein.
[244] BStU 11/56 Beschluss vom 1.5.1956, S. 55.
[245] MfS AU Nr. 126/55 (Band 1, 3 und 9), Ermittlungsverfahren gegen Dr. Baltzer; Überprüfungsvorgang 33/55 (2 Bände). Ebenso wichtig sind die sieben Berichte und „Treffberichte" von GIs und Hauptamtlichen, in: BStU Außenstelle Rostock MfS BV AP 1552/70 Handakte. Sie werden im Folgenden nur mit Datum zitiert.

des Angeklagten spielen. Die Beschuldigungen der Sabotage gegen Dr. Baltzer stellte er bei mehreren Gelegenheiten, die von den IMs protokolliert wurden, als nicht berechtigt dar. Er wollte am Prozess als Experte zu dessen Gunsten aussagen, wurde dann aber gar nicht als Zeuge geladen, der Prozess wurde heimlich durchgeführt. Dies war kein Zufall: Seine Aussage als Sachverständiger hätte die Unschuld des Angeklagten bewiesen oder doch seine Verurteilung erschwert, und so vermied das Gericht die Konfrontation. Im Bericht des hauptamtlichen SfS-Mitarbeiters Stein klingt das so: „Prof. Schick" sei „zuerst als Kartoffelspezialist als Sachverständiger vorgesehen gewesen, wurde jedoch (...) „aus operativen Gründen" nicht wieder geladen.[246]

Seine Handlungsweise wird folgendermaßen im Sachstandsbericht charakterisiert:

> Schick versuchte alles, um den Schädling (geschwärzter Name) zu entlasten. Er war als Sachverständiger vom Gericht geladen. Aus taktischen Gründen wurde die Gerichtsverhandlung vom SfS vertagt und Schick zur späteren Gerichtsverhandlung nicht zugezogen. Er war darüber sehr verärgert, fragte beim Gericht und auch beim SfS über den Kulturleiter Lüsewitz (Name geschwärzt) nach, wann die Gerichtsverhandlung statt findet. (sic!). Nach Abschluss des Prozeßes äusserte er, dass die Strafe zu hoch sei und dass er nicht an die Schuld des (geschwärzter Name) glaube. Bei einer Unterredung des Gen. OfW. Liebert äusserte Sch: „Die Staats-

---

[246] MfS BV AP 1552/70 Handakte Bericht von Stein am 28.5.1956 Betr.: Fall (geschwärzt) (Baltzer), S. 2.

> sicherheit sei sehr oft im Institut und er wisse auch warum. Denn es ist klar, sagte der Professor, dass man die einzelnen Verbindungen, welche (Name geschwärzt) hatte, aufspüren will. In diesem Zusammenhang erklärte er, dass dies doch in erster Linie auf ihn zutrifft. Und wenn die Staatsorgane oder Regierung kein Vertrauen zu ihm hätten, sollten sie ihn in dieser Funktion entheben und einen anderen dorthin setzen.[247]

Die Vorgehensweise Schicks, und insbesondere der letzte zitierte Satz, lässt an Deutlichkeit nichts zu wünschen übrig. Auch bei einer anderen Gelegenheit ging Schick in die Offensive: Der Stasimitarbeiter solle – so die Wiedergabe des GI – doch direkt zu ihm (Schick, CT) kommen, er sei verantwortlich. Es sei verabredet worden, alle 14 Tage eine solche Unterredung zu haben. Man wolle nur helfen die Errungenschaften zu schützen und „Diversion" verhindern.

Der ganze Fall scheint erhebliche Unruhe unter allen Pflanzenzüchtern und Agrarwissenschaftlern in Mecklenburg ausgelöst zu haben, mehrere Berichte von einem hauptamtlichen SfS-Mitarbeiter (der offensichtlich in dieser Funktion im Betrieb Groß Lüsewitz bekannt war) und von als GI angeworbenen Wissenschaftlern schildern heftige Diskussionen und mehrere Parteiversammlungen, auf denen kontrovers diskutiert worden sei.[248] Als eine Art Rechtfertigungsmaßnahme des Gerichts und

---

[247] BStU 33/55, Aktennotiz vom 18.3.1955, S. 19.
[248] Im Gespräch des U.Leutnant Stein mit dem stellvertretenden Direktor in Groß Lüsewitz wird das noch einmal ausdrücklich bestätigt: Die Agrarwissenschaftler fühlten sich beunruhigt und verunsichert. BStU 11/56, S. 58.

des SfS ist wohl das berufsöffentliche Vorführen einer Tonbandaufnahme vom Prozess im Dezember 1955 zu verstehen, die die ausgesperrten Sachverständigen nachträglich anhören konnten. Ort der Vorführung war die Akademie der Landwirtschaftswissenschaften in Berlin. Sie hatte allerdings die gegenteilige Wirkung: Schick und zwei weitere Professoren (Namen geschwärzt) beschlossen, sich an den Rechtsausschuss der Volkskammer zu wenden. Wie schon mehrfach von IMs notiert, war Schick empört über die fachlichen Anschuldigungen – Zitat: „das stinkt ja zum Himmel" – wie auch über den Ablauf des Verfahrens – Zitat „Gibt es noch ein Recht in der DDR?"[249] Gegenüber dem hauptamtlichen MfS-Mitarbeiter Wiegand betonte er, dass es „unerklärlich sei, dass der Prozess nicht öffentlich stattgefunden" hat.[250]

Die Demarche der Wissenschaftler an den Rechtsausschuss der Volkskammer hatte tatsächlich Erfolg: Das Gnadengesuch führte zur vorzeitigen Entlassung des Dr. Baltzer im November 1956.[251] Am 27. November 1956 beschloss die Kommission für Stellenplanfragen in Groß Lüsewitz, zu der auch Schick gehörte, dass Dr. Baltzer wieder eingestellt werden sollte.[252]

Betrachtet man den historischen Zusammenhang der Geschichte der DDR im Jahr 1956, dann stellt sich die Frage, ob die vorzeitige Entlassung Baltzers im Zusammenhang mit der kurzen

---

[249] Beide Zitate aus einem „Aktenvermerk" vom 21.12.55: Gespräch des GI mit dem Kulturleiter in Groß Lüsewitz. BStU 33/55, S. 82f.
[250] BStU 33/55, Aktenvermerk einer „Aussprache" mit Schick vom 23.5.1955, S. 35.
[251] BStU 11/56, Bericht vom 5.1.1957, S. 62.
[252] Mündlicher Treffbericht vom 27.11.1956 von GI „Mayer", in: BStU MfS BV Rostock AP 1552/70, S. 14.

Entstalinisierungsphase im Sommer 1956 stehen könnte. 25.000 Häftlinge wurden damals aus den DDR-Gefängnissen entlassen. Durch die berühmte Geheimrede des sowjetischen Parteichefs Nikita Chrustschow über die „Entstalinisierung" im Februar 1956 auf dem XX. Parteitag der KPdSU wurde auch in der DDR eine Liberalisierung eingeleitet. Aber diese Phase blieb kurz. Der Ungarnaufstand begann am 23. Oktober 1956 und wurde innerhalb von wenigen Wochen niedergeschlagen. In allen Satellitenstaaten der Sowjetunion verstärkte sich daraufhin die Repression.[253]

Mit der vorzeitigen Entlassung Baltzers war allerdings das Thema bei den Saatzüchtern nicht beendet. Neun Monate später wurde immer noch über den Prozess diskutiert: Eine Parteiversammlung wurde deshalb zum 26. September 1957 einberufen, auf der nicht nur der ungerechte Prozess diskutiert wurde, sondern auch die „Arbeitsweise des SfS" kritisiert.

Der Fall Dr. Baltzer zog weitere Konsequenzen nach sich. Durch „Republikflucht" wurde die Stelle des Saatzuchtleiters im Gut Güstrow vakant, das Ministerium wollte einen früheren Mitarbeiter in Bütow, der wohl eine belastende Rolle im Prozess gegen Baltzer gespielt hatte, als neuen Leiter einsetzen. Dagegen erhob sich Protest. Schick schrieb am 6. Oktober 1955 (durch Eilboten) an den Minister für Land- und Forstwirtschaft, Reichelt, um deutlich zu machen, dass der vom Ministerium bzw. von der SED ausgesuchte Kandidat als Leiter der Produktionsabteilung in Güstrow völlig diskreditiert sei und auf keinen Fall eingesetzt

---
[253] Genauere Darstellung bei Gieseke: Die Stasi, S. 67-70.

werden dürfe.²⁵⁴ Er sei früher Anbauberater in Bütow gewesen, jetzt Oberanerkenner bei der Bezirksleitung der Deutschen Saatzuchtgesellschaft (DSG) in Schwerin. Ausdrücklich warnte Schick vor ihm: Es bestehe Gefahr für die Kartoffelzucht. Der vom Ministerium vorgesehene Kandidat werde von den Kollegen nicht akzeptiert, „da sie ihn weder fachlich noch menschlich für eine vertrauenswürdige Person halten." Keiner der Saatzuchtleiter werde mit ihm zusammenarbeiten.²⁵⁵ Die gleichen Argumente erfuhr der oben bereits erwähnte hauptamtliche SfS-Mitarbeiter bei einem Gespräch mit Dr. (Name geschwärzt) in Groß Lüsewitz. Dieser betonte, der immer wieder offenbar werdende Druck des SfS beunruhige die Wissenschaftler, die in Angst lebten. Interessant für uns ist der Zusatz: „Auch Prof. Lembke, wie alle wissenschaftlichen Mitarbeiter lehnen eine Zusammenarbeit mit (Name geschwärzt, dem vom Ministerium vorgesehenen neuen Leiter, CT) grundsätzlich ab." Und „Wir wissen, welche unrühmliche Rolle (Name geschwärzt) beim Prozeß gegen (Name geschwärzt) gespielt hat".²⁵⁶ Der Name von Hans Lembke wird hier also als Autorität, die überzeugen muss, gegenüber dem SfS verwendet.

Die Berichte und Aktenstücke der folgenden Jahre 1957 bis 1959 sprechen für eine konsolidierte Position von Schick im DDR-System. Er verwendete grundsätzlich für seine Post den Briefbogen der Akademie der Landwirtschaftswissenschaften, deren Mitglied er seit Herbst 1951 – praktisch parallel zum Erhalt

---

²⁵⁴ BStU 33/55, S. 55-57.
²⁵⁵ BStU 33/55, S. 57 Brief Schicks vom 6.10.1955.
²⁵⁶ Persönliche Rücksprache mit Dr. (geschwärzt, Wissenschaftler in Groß Lüsewitz) vom 14.10.1955, in BStU 33/55, S. 60.

des Nationalpreises – war, und arbeitete im Nebenamt seit Frühjahr 1951 als Professor für Züchtungsbiologie an der Universität Rostock. Er war außerdem herausragender Reisekader: Eine Aufzählung seiner Dienstreisen vom 27. Juni 1958 enthält insgesamt 18 Auslandsreisen, vom relativ nahen Belgien, Holland, Italien und Frankreich, über die osteuropäischen Staaten CSSR (1953, 1956), Polen (1956, Januar und November 1957, 1958) und Sowjetunion (1954, 1956, 1958) bis nach Kanada (1958), Ägypten (1957) und China (1955). Der MfS-Mitarbeiter notierte, er gehöre zu dem Personenkreis, der bei Beantragung einer Reise ins Ausland sofort sein Ausreisevisum erhalte.[257] Reisekader war er also unabhängig vom Überprüfungsvorgang, die Reisedaten verteilen sich regelmäßig über die Jahre von 1949 an.

Die Sachstandsberichte und Gesprächsprotokolle der zweiten Hälfte der 50er Jahre lassen eine Tendenz zu positiveren politischen Äußerungen Schicks erkennen. Seinen Studenten und Fachkollegen gegenüber und im Ausland trat er als loyaler DDR-Bürger auf.[258] Das hinderte ihn aber in keiner Weise daran, immer wieder durch offizielle Briefe an die höchsten politischen Ämter Kritik an einzelnen Maßnahmen zu üben. Auch öffentliche Äußerungen im Rahmen von Dienstbesprechungen lassen wiederholt kritische Distanz erkennen. Dabei betonte er jedes Mal, dass er vom Boden der DDR aus argumentiere. Er legte sehr deutlich den Finger in die Wunden, wenn sich offizielle

---

[257] BStU 11/56, S. 101.
[258] Deshalb ausdrücklich auch die Einstellung des Überprüfungsvorgangs am 9.1.1959. BStU 11/56, S. 113f.

Verlautbarung und tatsächliche Praxis widersprachen. Das folgende Beispiel wird im Wortlaut und ohne Kürzungen zitiert, weil es exemplarisch seine Haltung zeigt.

Absender:

Deutsche Akademie
der Landwirtschaftswissenschaften zu Berlin,
Institut für Pflanzenzüchtung Gr. Lüsewitz

An den Vorsitzenden des Rates des Bezirkes Rostock Herrn (Name geschwärzt, zu diesem Zeitpunkt Hans Warnke (1896-1984))

Sehr verehrter Vorsitzender!

Ich habe mit vielem Bedauern und einigem Erstaunen von dem Inhalt Ihres Schreibens vom 12.12.1957 Kenntnis genommen.
Nach Ihrer Meinung müssen wir also erwarten, dass der Sohn eines Vaters, den wir in einem recht zweifelhaften Prozess im Namen des Volkes zu 13 Jahren Zuchthaus verurteilten, bei uns bleibt, auch wenn man ihm durch seine Ausbilder erklärt, dass es ihm genau so ergehen wird, wie seinem Vater. Ich wollte mich persönlich bemühen, den Sohn davon zu überzeugen, dass es doch wohl möglich und auch richtiger sei, bei uns zu studieren und zu arbeiten. Wenn er aber nun nicht hierher kommt, kann ich das nicht gut tun und ich hatte Ihnen geschrieben, dass der Vater wohl auch gut tut nicht nach Westdeutschland zu reisen. D.h. also, dass wir durch die Anwendung einer im Prinzip wohl richtigen Anordnung im Einzelfalle eine wenig zweckmässige

Entscheidung treffen, die keinerlei Rücksicht auf irgendwelche menschlichen Beziehungen nimmt. <u>Wir dürfen uns dann allerdings nicht wundern (sic!), dass andere Menschen unser System häufig unmenschlich nennen.</u>[259] Vielleicht können Sie einmal Ihre Sachbearbeiter fragen, wie sie sich persönlich verhalten hätten, falls es ihnen so wie der Familie (Name geschwärzt, Baltzer, CT) ergangen wäre. Unsere Politik ist doch wohl darauf gerichtet, eine Wiedervereinigung Deutschlands herbeizuführen auf der Basis der politischen Verhältnisse in der Deutschen Demokratischen Republik. Eine Wiedervereinigung wird aber wohl nur möglich sein, wenn wir auch die Mehrheit der westdeutschen Bevölkerung von der Überlegenheit unseres politischen Systems überzeugen. Dazu gehört auch, dass wir ihnen Perspektiven über ihr zukünftiges Leben geben. Ich fürchte, dass solche kleinen Dinge, wie sie der Fall Dr. (Name geschwärzt) als keine sehr erfreuliche Perspektive erscheinen wird. Deswegen hatte ich angenommen, dass es politisch klug sei, diesen Fall in jeder nur denkbaren Weise wirklich zu bereinigen. Sonst läuft wieder ein Mensch mehr in Westdeutschland herum, der jedem, der es hören will, erzählt, dass er nicht einmal zu Weihnachten seine Eltern besuchen darf.

Es ging mir nicht nur darum Herrn (Name geschwärzt) einen Gefallen zu tun, sondern ich glaubte, dass auch aus allgemeinen politischen Gründen eine andere Entscheidung zweckmässiger

---

[259] Die Unterstreichungen stammen handschriftlich von einem Leser der Abschrift, also einem MfS-Mitarbeiter.

gewesen wäre. Ich bedaure daher diese Entscheidung ausserordentlich und verbleibe

Mit vorzüglicher Hochachtung
Ihr sehr ergebener gez. Prof. Schick[260]

Es ging offensichtlich darum, dass der Sohn des Dr. Baltzer in die Bundesrepublik gegangen war, um dort ein Studium zu beginnen, nun aber zu Weihnachten eine Einreiseerlaubnis zum Besuch seiner Eltern beantragt hatte. Diese war offenbar abgelehnt worden (in dem zu Beginn erwähnten Schreiben des Vorsitzenden des Rates des Bezirks Rostock vom 12.12.1957). Schick argumentiert hier aus zweierlei Perspektive: aus der Sicht des Sohnes, dem übelgenommen wurde, dass er die DDR verlassen hatte, und aus Sicht eines „politisch klug Handelnden", der die Interessen der DDR im Blick haben sollte.

Dieser Sohn eines in einem politischen Prozess zu Unrecht verurteilten Vaters hatte die persönlichen Konsequenzen aus der üblichen Sippenhaft gezogen, denn als Familienmitglied hatte er keine Chancen auf eine akademische Ausbildung. Diese Handlungsweise des Betroffenen hält Schick für ausgesprochen verständlich, wenn er sich auch hinter die „im Prinzip richtige Anordnung" stellt. Bei dieser könnte es sich um das gerade am 11. Dezember 1957 erlassene, neue Passgesetz handeln, das jedes nicht genehmigte Überschreiten der DDR-Grenze zum Straftatbestand erklärte, also als Republikflucht kriminalisierte.[261] Es handelte sich um die zweite Änderung des Passgesetzes.

---

[260] BStU 11/56, S. 83.
[261] J. Mohr: Der Straftatbestand der „Republikflucht" im Recht der DDR, Diss. 1971, insbesondere S. 36f.

Trotzdem ist Schicks Schlussfolgerung, dass man deshalb das System für „unmenschlich" halten könnte, eine bemerkenswerte klare und unzweideutige Kritik. Er geht aber noch weiter. Nicht nur die menschliche Seite der Entscheidung kritisiert er, sondern auch ihre politisch unklugen Auswirkungen, in dem Sinne, dass sie nämlich kontraproduktiv im Sinne einer DDR-dominierten „Wiedervereinigung mit Westdeutschland" sei. Auch hier betont er seine loyale Haltung gegenüber dem „Prinzip" einer sozialistischen Gesellschaftsordnung, misst aber kritisch die Handlungsweise der führenden Köpfe an ihren eigenen Maßstäben.

Unabhängig von solchen schriftlichen Äußerungen, die ja immer adressatenbezogene Stellungnahmen sind: Sollte man einen echten Beweis für Schicks Loyalität verlangen, so könnte man letztlich sein Bleiben in der DDR anführen. Mehrmals im Jahr hatte er auf seinen Auslandsreisen die Möglichkeit, im Westen zu bleiben – mit seinen beruflichen Verbindungen zu Saatzüchtern in Europa wäre wohl auch eine neue berufliche Perspektive eine realistische Möglichkeit gewesen. Beispielsweise berichtet sein Sohn Rudolf Schick (jun.), dass er in den 50er Jahren ein Angebot, das Max-Planck-Institut für Züchtungsforschung in Köln als Direktor zu übernehmen, abgelehnt habe.[262] Er kehrte immer von Dienstreisen zurück. Natürlich hatte dies auch familiäre Gründe, seine neun Kinder lebten alle in der DDR, mit Ausnahme seiner ältesten Tochter Eva, die Ende der 50er Jahre in die Bundesrepublik ging, der jüngste Sohn Christoph wurde erst

---

[262] E-Mail von Rudolf Schick (jun.) vom 2.8.2015. Sein Vater habe sich in seiner Position in der DDR größere Entfaltungsmöglichkeiten versprochen.

1953 geboren.

Einsichten aus den Akten I: Wie die Stasimitarbeiter vorgehen

Aus den Aktenblättern kann man die Arbeitsweise der Stasimitarbeiter erschließen. Sie sprechen mit Kontaktpersonen, überwachen die wissenschaftlichen Kontakte nach „Westdeutschland"[263] sowie Telefone (soweit es welche gab) und Briefe. Es finden sich keine Telefonnotizen, jedoch Abschriften von Briefen aus Westdeutschland, die Post wurde also umgeleitet, gelesen und kopiert, bevor sie zugestellt wurde. Eine der Hauptaufgaben war die Suche nach geeigneten IMs in der beruflichen und persönlichen Umgebung von Schick. Wissenschaftler der Universität Rostock und der Deutschen Akademie der Landwirtschaftswissenschaften sind dabei. Es werden absichtlich Mitarbeiter aus benachbarten Gütern nach Groß Lüsewitz versetzt, mit dem „Ziel (…) an die Beschuldigten angesetzt zu werden".[264] Für Malchow werden von dem Historiker Michael Heinz drei IMs angegeben, allerdings bezogen auf den Zeitpunkt 1982.[265] Elf habe es in Groß Lüsewitz gegeben, von insgesamt 72 IMs, die im Bezirk Rostock im Bereich der Institutionen der Landwirtschaftswissenschaften tätig waren. Für die Landwirtschaft insgesamt im Bezirk Rostock kommt Heinz zur Gesamtzahl von 638 IMs – wohlgemerkt für das Jahr 1982.

---

[263] Dies ist erstaunlicherweise die häufigste Bezeichnung lange nach Gründung der Bundesrepublik und zeigt die ostdeutsche Perspektive einer Wiedervereinigung, die als zukünftig unter der Führung der DDR gedacht ist.
[264] Operativplan zum ÜV 33/55 am 2.12.1955, S. 75.
[265] Heinz: Agrarwissenschaftler, S. 77.

Die Zahl der Mitarbeiter des MfS hatte sich sprunghaft in den 70er Jahren erhöht, für die 50er Jahre ist also eine wesentlich niedrigere Zahl anzunehmen.

Die Allgemeinbildung der hauptamtlichen Mitarbeiter des SfS befand sich in dieser frühen Zeit auf einem ausgesprochen niedrigen Niveau. Beispiele sind Rechtschreib- und Grammatikfehler („Idiologie") sowie falsch verwendete Metaphern („Teufelskreis", um einen Kreis von vertrauten Mitarbeitern zu bezeichnen). Berühmte Namen werden falsch geschrieben: Kontaktstellen Schicks im Ausland sind das „Max Blank-Institut", die „Analin u. Sodafabrik" (statt Anilin) sowie die „altgenössische Versuchsanstalt Zürich" (statt eidgenössisch)[266]. Man hat den Eindruck, als handele es sich um nur mündlich übermittelte Worte, die phonetisch aufgeschrieben werden, ohne dass der Hörer jemals die Namen geschrieben gesehen hat. Damit bestätigen unsere Quellen die Feststellung des Historikers Jens Gieseke, dass es sich bei den Stasimitarbeitern der 50er Jahre um junge Männer aus „sozial unterprivilegierten Verhältnissen mit einem ausgesprochen niedrigen Bildungsstand" handelte.[267]

Meine Versuche, den Fall Baltzer und Schicks Verstrickung darin in den größeren historischen Zusammenhang der DDR-Geschichte einzuordnen, scheinen mir nur ansatzweise gelungen. Immerhin ist wohl klar: Die Akten gehören zu den staatlichen Reaktionen auf den Aufstand am 17. Juni 1953. Die Streiks und

---

[266] ÜV 33/55, S. 72.
[267] Gieseke: Stasi, S. 56. Siehe auch die detaillierten Angaben zum Bildungsstand in: Gieseke, Jens: Die hauptamtlichen Mitarbeiter des Ministeriums für Staatssicherheit (Anatomie der Staatssicherheit – MfS-Handbuch, Band IV, 1). Bonn 1995, S. 48.

Demonstrationen, die damals innerhalb von Stunden in der ganzen DDR hunderttausende Arbeiter und andere Bürger auf die Straße brachten, waren für die DDR-Führung das unmissverständliche Zeichen, dass sie kurzzeitig die Kontrolle über das politische Geschehen verloren hatte. Schnell wurde klar, dass sie sich ohne die militärische Macht des Großen Bruders Sowjetunion nicht an der Macht halten würde. Die russische Militärmacht war nötig, um den Aufstand niederzuschlagen. Umgekehrt saß der Schock bei den aufständischen Bürgern tief: Bis zum Jahr 1989 gab es keine neuen Ansätze von Demonstrationen.[268]

So kann man diesen „Vorgang" als Teil der starken Repressionswelle nach dem 17. Juni 1953 ansehen, mit der die SED die DDR-Bürger vor einer Wiederholung des Aufstandes warnen wollte. Charakteristisch für die Neuausrichtung war ein Wechsel in der Führungsperson: Der bisherige Chef der Staatssicherheit Wilhelm Zaisser musste gehen und wurde aus der SED ausgeschlossen. Ernst Wollweber trat an seine Stelle – dieser Umbau wird von Historikern als ein Zeichen für die Entschlossenheit Ulbrichts interpretiert, nach Stalins Tod und den Machtkämpfen in Moskau, die Berija verlor, sich das SfS unterzuordnen.[269]

Der neue Stasichef Wollweber galt als aktiv, er weitete die Verfolgung systematisch in Richtung Westen aus, mehrere große Verhaftungs- und Verurteilungsaktionen fallen in seine

---

[268] Kowalczuk: Stasi, S. 117-139.
[269] Kowalczuk: Stasi, S. 127ff.

Amtszeit.[270] Aber keines der Merkmale dieser Verhaftungswellen (mit Kodenamen wie („Feuerwerk", „Pfeil", „Blitz") trifft genau auf die in den uns vorliegenden Akten erwähnte Verhaftung und den Prozess zu. Geografisch ging es dem SfS insbesondere um Berlin und Thüringen, zeitlich lagen die Verhaftungen entweder früher als diejenige Dr. Baltzers, nämlich im Sommer 1954, oder deutlich später, vom Jahr 1955 an.

Der einzige konkrete Hinweis findet sich in einem Schreiben an das SfS vom 2. März 1955, das auf den 17. Juni zurückblickt. Hier wird ausdrücklich im Zusammenhang mit Dr. Baltzer ein Prof. Dr. genannt, der „an der Inszenierung des 17.6.1953 maßgeblich beteiligt" gewesen sei und „im Auftrage des Kaiserministeriums einen Plan zur Schädigung bezw. (sic!) Vernichtung der Landwirtschaft der DDR ausgearbeitet" habe.[271] Dr. Baltzer sei bis 1953 Assistent dieses Professors gewesen und Schick habe Kenntnis von diesem Plan gehabt. Das „Kaiserministerium" war das von dem CDU-Politiker Jakob Kaiser (1888-1961) von 1949 bis 1957 geleitete Bonner Ministerium für Gesamtdeutsche Fragen. In der Parteizeitung „Neues Deutschland" sind die Person von Jakob Kaiser und dieses für die Beziehungen zur DDR zuständige Ministerium häufig Angriffsobjekte.[272] Kaiser galt als Linker, der aus der Christlichen Gewerkschaftsbewegung kam und im Dritten Reich

---

[270] Zu diesem Abschnitt siehe: K.W. Fricke, R. Engelmann: „Konzentrierte Schläge". Staatssicherheitsaktionen und politische Prozesse in der DDR 1953 - 1956. Berlin 1998 (Analysen und Dokumente. Wissenschaftliche Reihe des Bundesbeauftragten für die Unterlagen des Staatssicherheitsdienstes der ehemaligen DDR. Band 11).
[271] BStU 33/55 S. 103 Schreiben vom 2.3.1955.
[272] Zum Beispiel am 22.10.1953, 4.6.1954 und 22.6.1955.

dem gewerkschaftlichen Widerstand angehört hatte. Nach 1945 hatte er in Ost-Berlin die CDU mitgegründet und vergeblich gegen deren Umwandlung in eine Blockpartei gekämpft. Nach seiner Übersiedlung nach Westdeutschland engagierte er sich im Kuratorium „Unteilbares Deutschland". Sein Fall bestätigt wohl die Beobachtung, dass gerade Personen mit großer politischer Nähe ganz besonders mit Hass verfolgt wurden, abgesehen davon, dass natürlich die pure Existenz des Ministeriums für „Gesamtdeutschland" als Provokation empfunden wurde.[273]

Immer wieder erscheint in den MfS-Berichten das Thema der „Republikflucht"; ständig verließen Wissenschaftler und Gutausgebildete das Land, im ersten Halbjahr 1953 waren es annähernd 200.000.[274] Der Zusammenhang von Überwachung und Flucht wird offen in GI-Berichten mitgeteilt: Bespitzelung führe ursächlich zur Republikflucht der Betroffenen, aber auch von Familienangehörigen und Kollegen. Ein Wissenschaftler in Groß Lüsewitz fasste den endgültigen Entschluss zur Flucht, als er erfuhr, dass sein Chauffeur als IM angeworben werden sollte.[275] Er erklärte seine Motive in einem persönlichen Brief an Schick: Sein Chauffeur habe ihm den Anwerbeversuch berichtet, das bisher schon spürbare Misstrauen gegenüber seiner Arbeit habe sich zur Gefahr für ihn verschärft. Er dankte Schick

---

[273] In der sehr detaillierten, um Rekonstruktion jeder einzelnen Aktion bemühten Darstellung von Ilko Sascha Kowalczuk (17.6.1953. München 2013) ist ein solcher Fall in Zusammenhang mit Landwirtschaft nicht verzeichnet.
[274] Daniela Münkel (Hg): Die DDR im Blick der Stasi. Die geheimen Berichte an die SED-Führung. Teil: 1953, bearbeitet von Roger Engelmann, S. 16.
[275] Bericht des hauptamtlichen Unterleutnants Stein vom 28.5.1956 über den „Fall (geschwärzt)" Dr. Baltzer, in: BStU MfS BV Rostock AP 1552/70 Handakte Dr. (geschwärzt) Institut für Pflanzenzucht Groß Lüsewitz, S. 5.

ausdrücklich für seine Anleitung und für die Arbeitsmöglichkeiten in der Kartoffelzucht und übersandte notwendige Unterlagen für die laufenden Versuche, damit sie bruchlos von anderen übernommen werden konnten. Zum Schluss bat er ihn, seiner Frau, die „von allen diesen Dingen unwissend geblieben" sei, zur Seite zu stehen.[276] Alle Momente sind hier vereint: Für die Zurückbleibenden erforderte der Weggang, dass sie die Lücke füllen und die Arbeit umorganisieren mussten. Auf persönlicher Ebene hatten sie die Verluste von Verwandten, Freunden und Kollegen zu verarbeiten. Und wie deprimierend mag solch' eine Flucht, die ja nicht vereinzelt blieb, auf den verantwortlichen Direktor, der seine besten Leute verschwinden sah, gewirkt haben? Schick äußerte denn auch deutlich Kritik am „Paßgesetz" und am „Kampf gegen die Kirche":

> Dadurch kommt es in den Familien der Wissenschaftler ebenfalls zu heftigen Auseinandersetzungen, wodurch einige den Kopf verlieren. Außerdem ist es doch ein bedenklicher Zustand, daß von 38 Akademiemitgliedern drei r.-flüchtig werden. Das (sic!) hier etwas nicht stimmt, ist doch klar. Wahrscheinlich müssen auch erst soviel Landwirtschaftswissenschaftler r.-flüchtig werden, wie Mediziner, ehe gleiche Erleichterungen gewährt werden.[277]

---

[276] BA N 2515/44, S. 163^v.
[277] Anfrage eines O.Ltn. Brahm an das MfS, der diese Äußerungen von Schick in der Akademie-Sitzung vom 25.9.1958 wohl von einem Teilnehmer der Sitzung übermittelt bekommen hatte. BStU 11/56, S. 105. Ähnliche Sorgen teilte ein Dr. (Name geschwärzt) aus Groß Lüsewitz mit: Man wisse nicht mehr, wie man die leitenden Funktionen besetzen könne. BStU 33/55, S. 60.

Überblickt man die Dokumente in ihrem Zusammenhang, so ergibt sich ein bemerkenswertes Bild der Funktion der SfS-Arbeit. Die Berichte, Gesprächsnotizen und Vermerke erhalten den Charakter von Stimmungsberichten. Sie zeigten der Partei und Justiz, wie ihre Entscheidungen und Handlungen von den Betroffenen aufgenommen und kommentiert wurden. Im Fall Baltzer wurde der Aufruhr unter den Saatzüchtern groß, dauerte über Monate an und kam gar nicht mehr zur Ruhe, so dass das Urteil – 12 Jahre Zuchthaus wegen Spionage und Sabotage – zurückgenommen wurde.

In dieser Funktion könnte man das Material in gewisser Hinsicht mit den „Geheimen Berichten an die SED-Führung"[278] vergleichen, die am 17. Juni 1953 als Reaktion auf den Aufstand eingeführt wurden und praktisch täglich die Meinung des Volkes registrierten und an die Parteispitze weitergaben. Denn man hatte in den Monaten vor dem 17. Juni an der Spitze von Staat und Partei ganz offenbar die Stimmung des Volkes völlig falsch eingeschätzt und war von der eruptiv aufbrechenden, gewaltsamen Unzufriedenheit überrascht worden. Das sollte nicht noch einmal passieren. Diese Berichte wurden von der Abteilung ZAIG (Zentrale Auswertungs- und Informationsgruppe) erstellt. Hier liefen die politisch wichtigsten Informationen, die an die Partei- und Staatsspitze gegeben werden mussten, zusammen.[279]

In der Edition der geheimen Berichte aus dem Jahr 1953

---

[278] Die Herausgabe sämtlicher Jahrgänge ist geplant, bisher liegen die Jahre 1953, 1961, 1965, 1976, 1977, 1988 und 1989 vor.
[279] Zu Geschichte und Tätigkeit dieser Abteilung siehe: R. Engelmann, Frank Joestel: Die Zentrale Auswertungs- und Informationsgruppe (MfS-Handbuch). Berlin 2009.

(Berichte des Jahres 1954 waren zur Zeit meiner Recherche noch nicht veröffentlicht) findet man viele Parallelen zu den oben zitierten Quellen, so, wenn die Berichterstatter die kritischen Äußerungen der Beobachteten, die wahrlich nicht schmeichelhaft für die Parteioberen sind, wörtlich zitieren. In späteren Jahren trauten sich das die Berichterstatter sehr viel weniger.[280] Ein frappierendes Beispiel sind die Erzählungen von Dr. Baltzer über seine erniedrigenden Verhöre durch die Stasi – dies wurde über die IM-Berichte dem MfS zurückgespiegelt.[281] Und Hinweise, wie Fälle von Republikflucht hätten verhindert werden können, erhielt die Partei auch zur Genüge.

Große Diskussionsthemen im Bereich Landwirtschaft waren die Auflösung von LPGs, da zum Teil Bauern auf ihre Höfe zurückkehren durften, und die „Ablieferungen" der Bauern, die gezwungen wurden, große Teile ihrer Ernte „dem Kollektiv" zur Verfügung zu stellen. Auf jede denkbare Weise versuchten sich Bauern dieser Art kalter Enteignung ihrer Ernte zu entziehen, z.B. durch Verstecken der Früchte. Dieses Problem tauchte im Protokoll eines Gesprächs des hauptamtlichen SfS- Mitarbeiters mit einem Wissenschaftler in Groß Lüsewitz am 26. April 1955 auf. Dieser meinte, man solle „die Bauern mit ihren Ablieferungen nicht so jagen", man solle ihnen vor allem mehr Zeit lassen.[282]

Und vielleicht gibt das dritte große, viel besprochene Problem einen kleinen Hinweis darauf, warum im Fall Dr. Baltzer die

---

[280] Die DDR im Blick, 1953, S. 23.
[281] Siehe oben das Kapitel Der Fall Dr. Baltzer.
[282] BStU 33/55, S. 31.

anhaltende Kritik an einer Maßnahme der Partei Erfolg gehabt hat. Denn die Versorgung der Bevölkerung mit Nahrungsmitteln – auch und gerade bei Kartoffeln und Brennstoffen – war ein Dauerbrenner in der Berichterstattung. Das macht es sehr wahrscheinlich, dass man in der Parteispitze meinte, sich ständige Unruhe und eine Verweigerungshaltung der wichtigsten Personen in der Kartoffelzucht nicht leisten zu können.[283]

Einsichten aus den Akten II: Der Charakter von Rudolf Schick

Die kolportierten wörtlichen Zitate Rudolf Schicks und die Beschreibungen, wie sein Verhalten auf die Beobachter wirkte, lassen ein lebendiges Bild seiner Persönlichkeit entstehen.
Im Grunde verhielt er sich durchgehend wie der Eigentümer eines Betriebes, der die Verantwortung für das Ganze trägt und für das Ganze entscheidet, man könnte von einer Unternehmerpersönlichkeit sprechen, klänge dies in diesem Umkreis der vergesellschafteten Betriebe nicht leicht absurd. Er nahm seine Rolle als Verantwortlicher für die Kartoffelzucht in hohem Maße ernst und füllte sie so aus, wie er sie verstand und vor 1945 auf Neu-Buslar gelebt hatte – ungeachtet aller neuen Stellenpläne und Kollektivvorschriften, Widerstände und Anfeindungen. Nach seinem Verständnis gehörte eine Rechenschaftspflicht keineswegs zu dieser Rolle des Chefs und Besitzers. Forderungen in dieser Richtung oder auch nur Nachfragen nach dem Sinn einer seiner konkreten Entscheidungen bügelte er barsch ab. Die Kritik von Arbeitern an einer Maßnahme (Kunstdünger auf 25 ha zu

---

[283] Die DDR im Blick 1953, S. 41-45.

streuen) parierte er:

> Den Arbeitern (sic!) geht nichts an, was ich mache. Und wenn ich 50 ha mit Kunstdünger bestreue. Verantwortlich für das Institut bin ich.[284]

Zu den Verantwortlichkeiten gehörte für ihn wohl auch, dass er offizielle Gespräche mit hauptamtlichen MfS-Mitarbeitern führte, mit denen er offen über Sabotage und andere Gefahren beriet.[285] Er sei nicht gegen die Arbeit der Stasi, notierte ein Mitarbeiter, die Aussprachen mit ihm seien gut.[286] Dabei kamen auch nichtpolitische Ärgernisse zur Sprache, wie sie in allen Unternehmen vorkommen. Am 20. Oktober 1958 waren Jugendliche in Groß Lüsewitz Thema, „Fachschüler" genannt, die anlässlich einer Fernsehübertragung „gegen den Gen.(ossen, CT) Ulbricht gehetzt" hatten. Es wurden „neg.(ative, CT) Diskussionen geführt, bzw. provoziert" – kurz: eine „neg.(ative, CT) politische Einstellung" war zu beklagen.[287] Dazu kamen kleinere Diebstähle und Sachbeschädigungen. Die Lösung wurde gemeinsam in der Einstellung eines „passionierten Erziehers, der Sport treibt u. pol. fest ist" gesehen, der sich um die Jungen kümmern sollte. Es wird sich hier um ein übliches spätpubertäres (Fehl-)Verhalten von jungen Menschen gehandelt haben, was unter den DDR-Bedingungen schnell politisch wurde oder doch so interpretiert wurde.

Schick schonte sich selber nicht in seinem Arbeitspensum – sein

---

[284] BStU 33/55, Sachstandsbericht vom 15.9.1953? von U.Ltn Wiegand, S. 5.
[285] Zum Beispiel am 10.3.1955, am 20.5.1955, am 5.2.1958, am 7.5.1958 und am 20.10.1958.
[286] BStU 11/56, Bericht vom 5.1.1957, S.60-64, hier: S. 64.
[287] BStU 11/56, S. 107-111.

früher Tod hat sicher hier eine Ursache –, verlangte allerdings ein ähnliches Engagement auch von seinen Mitarbeitern. Autoritär im Umgang war er sicher, „herrisch" heißt es in Berichten, achtete aber auch genau auf die Fähigkeiten und Möglichkeiten von Mitarbeitern und traute ihnen wiederum verantwortliche Aufgaben zu, die sie in ihren Fähigkeiten förderten. Wie der „Kaderleiter" Erich Auer in einer sehr wohlwollenden Beurteilung am 10.9.1954 schrieb:

> (…) Eine wertvolle Eigenschaft von Prof. Dr. Schick ist die Fähigkeit zu kollektiver Arbeit und die Entwicklung eines guten Nachwuchses. Sowohl in der Aufteilung der Aufgaben an seine Mitarbeiter als auch in der Erziehung der Saatzuchtlehrlinge kommt dieser Wille zur kollektiven Arbeit zum Ausdruck.[288]

Die Zeitzeugen, die Gerlinde Schattenberg zur Rolle von Schick als Lehrer befragt hat, betonen die unkonventionellen Methoden der Förderung und die Freiheit, die Schick begabten Nachwuchswissenschaftlern einräumte.[289]

Die Aussage eines SfS-Mitarbeiters, der daran scheiterte, einen engen Mitarbeiter zum Spitzel zu machen, zeugt von der Loyalität, die die Mitarbeiter ihrem Chef entgegenbrachten:

> (…) stellte sich heraus, dass sich Schick einen Teufelskreis[290] geschaffen hat, der von ihm ideologisch beeinflusst wird, ihm alles zuträgt und ihm

---

[288] BStU Beobachtungsvorgang 11/ 56, S. 20f.
[289] Schattenberg: Schick, S. 128f.
[290] Zu dieser verfehlten Metapher siehe oben im Kapitel Einsichten aus den Akten I.

unbedingt hörig ist. Somit hat er sich nach aussen hin hermetisch gesichert.[291]

Die Stasi blieb machtlos, wenn die Menschen sich weigerten Spitzeldienste zu leisten. Dabei war Schick alles andere als naiv – er wusste von der Anwesenheit der IMs, ging aktiv auf die Hauptamtlichen zu und stellte seine Sicht der Dinge klar heraus. In den Akten sind mehrfach vergebliche Anwerbungsversuche dokumentiert, z.B. am 12. April 1955, am 10. Juni 1955 und am 27. August 1955.[292]

Zur Rolle des Chefs gehört wesentlich die Verantwortung für die Mitarbeiter. Immer wieder wird in den Berichten deutlich, dass Schick seine Mitarbeiter schützen wollte, er stellte sich selbst als „voll verantwortlich" vor sie. Auch Personalentscheidungen und die Entscheidung, unter welchen Vertragsbedingungen neue Mitarbeiter arbeiten sollten, behielt er sich vor. Das brachte die bürokratischen Abläufe gelegentlich durcheinander. Ein Vorfall wird durch IM „Barbara" voller Empörung referiert: Schick habe sich den Stellenplan angeeignet, so dass er sechs Wochen „verschwunden" gewesen sei. Schick entgegnete kühl, er habe ihn gebraucht, und im Übrigen ginge es sie gar nichts an. Auch dass sie das MfS benachrichtige, sei völlig unnötig.[293] Bei der Einstellung einer neuen Mitarbeiterin bestimmte Schick z.B. eine Gehaltssumme, gegen die die Leiterin des Stellenplans Einspruch erhob. Sie scheiterte aber klar: „(...) ich wurde mit der Antwort,

---

[291] BStU 33/55, Sachstandsbericht vom 15.9.1955, S. 51.
[292] BStU 33/55, S. 26, 36 und 46.
[293] BStU 33/55, S. 49.

Prof. Schick hat es so bestimmt, bedient."²⁹⁴

Ähnlich heißt es am 25. April 1955 über die „Rechte Hand" von Schick:

> Was Schick anordnet, führt er ohne Bedenken durch. Z.B. äußerte sich (Name geschwärzt) der Gen. (geschwärzt) gegenüber: „Die Belegschaft hat überhaupt nichts zu sagen; was der Professor bestimmt, wird durchgeführt."²⁹⁵

Die von ihm kolportierten Äußerungen erscheinen erfrischend direkt und offen, autoritativ, z.T. von einem sarkastischen Humor, der wohl auch nicht immer adäquat verstanden wurde.

> Auch die Maschinen aus der Sowjetunion haben Fehler, aber man kann nichts dagegen sagen, sonst wird man gleich als reaktionär hingestellt.²⁹⁶

Aus seinen Erfahrungen auf einer Chinareise berichtete er nicht nur Positives: „Meine Herrn, ich kann über China viel erzählen, auch solche Dinge, die den Leuten, die hier für die LPG werben, nicht gefallen werden."²⁹⁷ Der Leiter der Abteilung III wollte mehr wissen und hakte nach: Über Schick müsse „unter Wahrung der Konspiration" mehr zu erfahren sein.²⁹⁸ Auch Studenten wurden nach seinen Äußerungen in Vorlesungen befragt. Eine Antwort: Er sei der einzige Professor, der die

---

²⁹⁴ BStU 33/55, Bericht von GI Barbara über Personalpolitik d. Herrn Prof. Dr. Schick, 2.9.1955, S. 53.
²⁹⁵ BStU 33/55, S. 29.
²⁹⁶ Die Äußerung wird zweimal zitiert: in einem Ermittlungsbericht vom 12.4.1955, BStU 33/55 S. 25, und im Sachstandsbericht vom 7.12.1955, BStU 33/55, S. 71f.
²⁹⁷ BStU 11/56, Bericht des GHI Hans-Kuhnert" am 17.2.1958, S. 65.
²⁹⁸ BStU 11/56, Schreiben vom 4.3.1956 von Brehm, S. 93.

Landwirtschaftsstudenten aufforderte, in den Osterferien bei der Frühjahrsbestellung in irgendeiner LPG zu helfen.[299]
Öffentliche Äußerungen von ihm gerieten sogar zweimal in „Stimmungs"-Berichte der ZAIG, die sie an die Parteispitze weitermeldete, einmal sogar bis zu Ulbricht.[300] Schick hatte auf einer Sitzung der Akademie der Landwirtschaftswissenschaften in seinem Bericht über einen Genetikerkongress in Kanada die dort auftretende sowjetische Delegation kritisiert. Es seien „(d)rittklassige sowjetische Wissenschaftler" gewesen, „deren Vorträge überhaupt nichts Neues brachten und sich durch niedriges Niveau auszeichneten".[301] Schick sah dies in Zusammenhang mit der Unterdrückung von fähigen Wissenschaftlern in der Sowjetunion, und schloss sich damit seinen Kollegen an, die die „Politik der SU gegenüber der wissenschaftlichen Intelligenz" kritisiert hatten.[302]
In einem zweiten ZAIG-Bericht im März 1964 ging es um Proteste von Studenten gegen eine vom Rektor Schick vorgeschlagene Neuregelung von Studien- und Praktikumszeiten, die nach Meinung der Studenten eine Verkürzung ihrer Ferien bedeutete. Das MfS vermutete – wie immer – hinter diesen Protesten einen Verschwörer, der organisiert.[303] Man lernt heute vor allem daraus, dass in der Akademie der Landwirtschaftswissenschaften IMs gesessen haben müssen, die Äußerungen von Kollegen auf internen Sitzungen weitermeldeten.

---

[299] BStU 11/56, Aktennotiz über studentische Aussagen, S. 96.
[300] Über die ZAIG siehe oben im Kapitel: Einsichten aus den Akten I.
[301] MfS ZAIG Nr. 198, Bericht vom 1.7.1959, S. 2.
[302] MfS ZAIG Nr. 198, S. 1.
[303] MfS ZAIG Nr. 859.

Sowohl in seiner Herkunft als auch in seiner „Ideologie" wird Schick in den Berichten immer wieder als „bürgerlich", in der pejorativen Form als „reaktionär", bezeichnet. Damit bestätigt sich das Bild, das sich aus seinen Briefen und anderen privaten Materialien ergibt. Rechtsstaatlichkeit ist ein Kernbegriff des liberalen Bürgertums, ebenso wie Leistungswille und individuelle Verantwortung. Immer wieder betonte Schick auch anderen Gesprächs- bzw. Briefpartnern gegenüber, dass das Recht und rechtsstaatliche Verfahren gelten müssten. Hier ist es wohl naheliegend einen biographischen Zusammenhang zu vermuten. Seine eigenen Erfahrungen mit dem unfairen Prozess 1936, der ihn seine Wissenschaftskarriere gekostet hat, hatten ihm gezeigt, wie zentral ein unabhängig arbeitendes Rechtssystem für den einzelnen Bürger ist.[304]

Alle diese Beobachtungen führen zu der Feststellung, dass er im Regime der DDR keine Angst vor der Parteispitze oder vor dem MfS hatte, sondern objektiv mutig und ohne Opportunismus seinen Standpunkt vertrat. Ausdrücklich wird dieser Charakterzug von dem MfS-Mitarbeiter selbst hervorgehoben. In einem Bericht am 5. Januar 1957 bestätigte Unterleutnant Stein: „Wenn seinen Wünschen nicht kurzfristig Rechnung getragen wird, droht er mit der Beschwerde beim ZK der SED bzw. anderen Ministern."[305]

Ein weiteres Beispiel findet sich als Aktenvermerk vom 3. September 1958 des für ihn zuständigen hauptamtlichen MfS-Mitarbeiters Treichel. Schick unternahm im August 1958 eine

---

[304] Siehe oben das Kapitel Biographie Rudolf Schicks bis 1936.
[305] BStU 11/56, S. 64.

Dienstreise nach Polen.
> Nach der Besichtigung verschiedener Institute u. Versuchsstationen in Volkspolen, hatte Prof. Schick die Absicht, seine frühere Wirkungsstätte (ein ehem. Saatzuchtgut) zu besuchen. Dies wurde nicht gestattet. Prof. Schick war maßlos verärgert darüber, daß gerade ihm, als Bürger der DDR, eine solche Möglichkeit verschlossen blieb. Demgegenüber besuchen viele westdeutsche Gutsbesitzer u. Pfaffen ihre ehem. Ländereien u. Besitzungen. Sogar ihre Autos dürfen nach Polen mitgenommen werden. Prof. Schick war der Meinung, daß solche Maßnahmen wie Hohn wirken. (...) Bei der Aussprache mit Prof. Schick wird auf seine Reise nach Polen eingegangen."[306]

Sicher wollte Schick Neu-Buslar besuchen, und sein Wunsch erscheint menschlich sehr verständlich. Es wird im Text nicht klar, ob es polnische Behörden waren, die das Verbot aussprachen, oder die DDR-Delegationsleitung. Die Ungerechtigkeit, schlechter behandelt zu werden als westdeutsche Gutsbesitzer, empörte ihn, die Zurücksetzung kränkte seinen Stolz. Wenn es eine polnische Entscheidung war, so könnte man interpretieren, dass die Polen gegenüber der ihnen ideologisch näherstehenden DDR misstrauischer wegen eventueller Besitzforderungen waren als gegenüber der Bundesrepublik.[307]

---

[306] BStU 11/56, S. 103^v.
[307] Zu überprüfen wäre auch der Wahrheitsgehalt seiner Vermutung, dass westdeutsche ehemalige Gutsbesitzer besser behandelt wurden.

Charakter und Weltsicht von Rudolf Schick aus anderen Quellen

Nach den Erkenntnissen aus den Stasiakten über die Person Rudolf Schick soll hier ein Bild seines Charakters und seiner Weltsicht entworfen werden, wie man es seinen Briefen, die in seinem Nachlass in großer Zahl aufbewahrt sind, entnehmen kann. Die Frage ist: Wird es ein fundamental anderes Bild sein oder vielleicht nur einen Teil wiedergeben? Oder stimmen die Beobachtungen des MfS mit unabhängigen Quellen überein?

Grundlegend ist sein leidenschaftliches Interesse für die Saatzucht, insbesondere für die Kartoffel, sein Lebensthema. Dies zieht sich durch alle Entscheidungen und Unternehmungen hindurch. Sekundär dagegen erscheinen die Umstände, unter denen er arbeitet. Immer wieder wurde er im Laufe seines Lebens gezwungen neue Wege zu suchen. Das erste Mal ganz grundsätzlich im Frühjahr 1936, als er als Wissenschaftler entlassen wurde. Er nahm die Möglichkeit, die ihm sein Schwiegervater unverzüglich bot, sofort an und arbeitete in dessen Auftrag mit eigenen Ideen in den folgenden neun Jahren am Ausbau und an der Weiterentwicklung der Saatzucht in Neu-Buslar. Die Aussicht, 1942 in Litauen ein weiteres Gut zu erwerben und den Boden zu bearbeiten, schien ihn zu elektrisieren. Im Briefwechsel mit Hans Lembke erscheint er gelegentlich als derjenige, der das Projekt vorantrieb: Er fragte ständig nach dem Stand der Lieferungen, machte Vorschläge, wollte mitreisen (Neu-Buslar war immer Zwischenstation auf dem Weg nach Osten). Dabei ging es ihm wohl primär um die berufliche Entfaltungsmöglichkeit, hinter der alles andere zurücktrat, nicht um eine ideologisch begründete Eroberung „neuen Lebensraums".[308]

1945 sah er sich in einer neuen Situation: „jetzt muss man sich wohl mit Lyssenko befassen"[309] – eine realistische Einsicht. Trofin Denissowitsch Lyssenko (1898-1976) – wie bereits kurz erwähnt – war ein russischer Biologe und Genetiker, der eine zum „westlichen" Gregor Mendel konkurrierende Theorie über die Vererbung aufstellte. Lange Zeit wurde seine Lehre im sowjetischen Einflussraum als „sozialistische Biologie" gefördert. Er proklamierte die Vererbung erworbener Eigenschaften, betonte also den Einfluss der Umweltbedingungen, was perfekt zur Vorstellung von Karl Marx über die Prägung der Menschen durch die gesellschaftlichen Umstände passte. Widerspruch gegen Lyssenko wurde im Stalinismus als Dissidenz betrachtet und konnte Arbeits- und Existenzverlust, unter ungünstigen Umständen sogar Verbannung und Tod bedeuten.

Zu diesem Zeitpunkt äußerte sich Rudolf Schick skeptisch, was eine staatliche Organisation der Saatzucht betrifft: „Der russische Rock wird uns wohl nicht ganz passen, aber anderswo gibt es Erfolge in der Saatzucht bei Staatsbetrieben."[310] Das klingt nach einer sachlich abwartenden Haltung: Wir probieren es, ohne begeistert zu sein, vielleicht klappt es ja.

Seine Entscheidung war positiv. Wie bereits erwähnt, übernahm er 1949 das staatliche Forschungsgut Groß Lüsewitz und nahm

---

[308] Zu Litauen siehe das Kapitel Ostgebiete II, zu seinen politischen Vorstellungen das Kapitel Biographie.
[309] BA N2515/33: Brief an H. Kuckuck am 15.10.1945.
[310] Ebda.

die ihm angebotene Professur in Rostock 1951 an, ebenso Funktionen in der Akademie der Landwirtschaftswissenschaften und in der Deutschen Saatzuchtgesellschaft.
Seine politische Überzeugung wuchs im Laufe der Jahre, sowohl, was das allgemeine Ziel seiner Arbeit in einem sozialistischen Staat betrifft, als auch bei der Beurteilung konkreter politischer Ereignisse oder Entscheidungen.
In einem Brief vom 1. Januar 1963 findet man seine Art des Bekenntnisses zum Sozialismus: Er könne „erst dann funktionieren, wenn allen Menschen Arbeit das erste Bedürfnis ist, und nicht Gewinnstreben."[311] Ähnlich idealistisch – paradoxerweise in einem materialistischen Staat – äußerte er sich in einem Brief an einen Mitarbeiter von Groß Lüsewitz, der 1958 die DDR verließ:

> (...) die Zukunft liegt beim sozialistischen System, nicht im Kapitalismus, aber es gibt viele Schwierigkeiten. (...) es liegt daran, dass zu wenige Menschen sich wirklich mit aller Kraft einsetzen.[312]

Beide Äußerungen erinnern an das protestantische Arbeitsethos, das in gleicher Weise nach Auffassung von Hans Lembke den Menschen auszeichnet.
Mit Beginn der 60er Jahre wird seine Verteidigung der DDR in den Formulierungen systemkonformer, auch im engeren Sinne politischer. „Die DDR muss anerkannt werden", steht deutlich in einem Brief vom 28. Oktober 1961.[313] Dementsprechend

---

[311] BA N 2515/38.
[312] BA N 2515/36.
[313] BA N 2515/36.

verteidigte er im November 1961 den Mauerbau, als sei die Aggression vom Westen ausgegangen, gegen die „man Panzer auffahren lassen müsse, damit Imperialisten und Monopolisten Interesse an Frieden haben."[314] Solche Einschätzungen sind eindeutig systemkonform vorformuliert und wurden in meinem westlichen Familienteil als pure Ideologie betrachtet, der Schwager und Onkel war persona non grata und galt als „Kommunist", was gemäß der Kalten-Kriegs-Rhetorik als Schimpfwort zu verstehen ist. In welchem Sinne dies allgemein verstanden zutraf, wurde für die Zeit des „Dritten Reiches" oben schon geklärt, hier geht es um seine Haltung zum „realen Sozialismus" der DDR.

Der Historiker Michael Heinz fasst seine Antwort auf die Frage nach der DDR-Loyalität Schicks als eine Art Doppelspiel von „negativen Äußerungen" und „Bekenntnis zum Aufbau des Sozialismus bei öffentlichen Veranstaltungen" zusammen.[315] Dies laufe auf eine gespaltene Existenz von Innen und Außen hinaus, so, als ob seine innere Überzeugung in grundsätzlichem, ständigem Widerspruch zu äußerlicher Konformität gestanden habe.

Ich glaube eher, dass sein Bekenntnis zur DDR echte Überzeugung war, nicht nur ein öffentlich gefordertes Ritual. Es entsprach seinem Weltbild einer mit harter Arbeit zu schaffenden gerechteren Welt. Allerdings ließ er sich nie sein sachliches Urteilsvermögen bei der Arbeit schwächen und verzichtete auf diplomatische Umschreibungen für das, was er für richtig hielt.

---

[314] BA N 2515/37: Brief an Frau Köchling am 2. November 1961.
[315] Heinz: Agrarwissenschaftler, S. 81.

Damit bereits verletzte er die Parteigebote, die nur einen sehr schmalen Grad an abweichendem Sachurteil zuließen. Seine Identifikation mit dem Staat hinderte ihn also in keiner Weise, klare und sachgerechte Kritik an den Zuständen in seinem Einflussgebiet zu üben.

Ein weiterer Charakterzug ist seine extreme Redlichkeit, bis zur Pedanterie, und auch dies führte gelegentlich zu Reibungen mit offiziellen Stellen. So beschwerte er sich wegen Mängel bei der Bedienung in der HO-Gaststätte am Alexanderplatz direkt beim Ministerium für Handel (Briefwechsel zwischen dem 7. und 27.8.1953).[316] Ebenso schrieb er eine Eingabe zugunsten des Kraftfahrers in Groß Lüsewitz Piske, der zu einer Geldstrafe von 350,00 Mark verurteilt worden war, weil er für eine Konfirmationsfeier aus dem eigenen Haushalt Eier und Mehl transportiert hatte und damit gegen das Gesetz gegen Schwarzhandel verstoßen hatte. Bei einem Monatsgehalt von 190,00 Mark netto, von dem fünf Personen leben müssten, erscheine dies unbillig. Außerdem monierte er, dass es nicht möglich sei, Rechtsmittel dagegen einzulegen.[317] Auch für einen heutigen Leser ist seine Haltung gut nachvollziehbar und wieder begegnen wir seinem Beharren auf rechtsstaatlichem Handeln.

Ähnlich korrekt schickte er 2,00 Mark in einem Brief an die HO-Gaststätte Havelberg, da zwei Apfelsaft auf der Rechnung vergessen worden seien.[318] Man kann vermuten, dass ein solcher Fehler dem Kellner zugerechnet wurde.

---

[316] BA N 2515/40.
[317] Schreiben vom 12.10.1951 an das Ministerium für Außenhandel und Innerdeutschen Handel, in: BA N 2515/34.
[318] Briefdurchschlag vom 4.9.1957, in: BA N 2515/36.

Die Charakterisierung eines Zeitzeugen, des Landwirtschaftsstudenten Horst Pätzold, fasst eigentlich die Ergebnisse meiner Analyse der Dokumente zusammen: Schick sei aufgeschlossen und aktiv gewesen, er sei „kaputt gegangen an der Engstirnigkeit der Parteioberen"[319] (und nicht an einem politischen Widerstand gegen den DDR-Sozialismus, würde ich hinzufügen).

Diese Einschätzung wird durch die Stasi-Akten nur bestätigt. Die von den IMs mühsam zusammengesuchten kritischen Äußerungen betreffen fast immer seine eigenverantwortliche Berufsarbeit, nur in zwei Punkten die Struktur der DDR: Rechtsstaatlichkeit und Kirchenverfolgung. Der biographische Hintergrund des ersten Punktes war bereits Thema, zum zweiten Punkt ist wichtig zu wissen, dass Schick und vor allem seine zweite Frau Erika bis 1962 mit Überzeugung Mitglieder der evangelischen Kirche waren.[320] Seine beiden Hauptkritikpunkte betrafen Kernprobleme der diktatorischen Struktur des Staates, wurden jedoch von Schick selbst nicht als entscheidend für eine Distanzierung verstanden.

Als Ergebnis lässt sich festhalten: Die zentralen Charaktereigenschaften Schicks kann man aus den Stasi-Akten recht authentisch herauslesen. In diesem Sinne haben sie „richtig" berichtet und stimmen weitgehend mit den persönlichen Zeugnissen überein.

Darüber hinaus wird augenfällig, dass in der DDR ein selbst denkender Mensch, ja bereits ein Mensch, der nicht die

---

[319] Pätzold: Nischen, S. 178-180. Pätzold studierte an der Rostocker Universität Anfang der 50er Jahre und kannte sowohl Hans Lembke als auch Rudolf Schick gut.
[320] Hinweis von Rudolf Schick (jun.) in einer E-Mail vom 17.8.2015.

vorgefertigten Begriffe, sondern eigene Formulierungen, gelegentlich etwas schnoddrig, benutzte, als Staatsfeind und Spion identifiziert wurde. Auf diese Weise erzeugten die Parteioberen systematisch ihre eigenen Staatsfeinde.

Zeitraum 1965 bis 1967: Der Konkurrenzkampf

In diesem Aktenkonvolut geht es – wieder von Neuem – um die Klärung von Ursachen der Mängel und Schwierigkeiten bei der Saatzucht von Kartoffeln.
Anlass war die Beobachtung von Produzenten und Verbrauchern seit Beginn der 60er Jahre, dass die Kartoffeln an Qualität verloren und dass in der DDR im Vergleich zur Bundesrepublik oder zu den Niederlanden (die großen Konkurrenten (nicht nur) auf dem Gebiet der Kartoffelzucht) zu wenige Kartoffeln pro ha geerntet wurden. Wenn in den westlichen Staaten Spitzenwerte von über 300 dt/ha (dt heißt Dezitonne und entspricht 100 kg) erreicht wurden, so blieb die Ernte in der DDR bei ca. 177 dt/ha, genauso viel bzw. wenig wie vor dem Zweiten Weltkrieg. Dieser Tatbestand war dem MfS die Eröffnung einer „Operativen Vorlaufakte" wert, die der Untersuchung der Gründe dienen sollte. Der Beschluss dazu datiert vom 23. Februar 1965. Das war eigentlich – glaubt man anderen Quellen – ziemlich spät, da es bereits seit Beginn der 6oer Jahre Klagen über zu wenige Kartoffeln mit schlechter Qualität gab.[321]

---

[321] Siehe die Schilderung in: Schattenberg: Schick, S. 88-97. Eine grundlegende Darstellung der Kartoffelzüchtung in der DDR bei Gäde: Pflanzenzüchtung in den neuen Bundesländern, S. 115-117.

Die Ursachen lagen wohl in der Mechanisierung der Ernte: „Vollerntemaschinen" nahmen keine Rücksicht auf die empfindlichen Erdfrüchte, und die verletzten Knollen, die direkt „vom Feld in den Keller" − so die Parole − gebracht wurden, faulten dort schnell. Weitere Faktoren waren: falsche Düngezeit (die Düngeindustrie lieferte nicht rechtzeitig), nicht geeignete Standorte nach Klima und Boden, zu späte oder zu frühe Saat bzw. Ernte. Alle diese Umstände verursachten Krankheiten und führten zu geringen Erntemengen.

Schon diese kurze Aufzählung verweist darauf, dass auch die sozialistische Arbeitsorganisation der Pflanzenzucht und des Kartoffelanbaus für die Mängel verantwortlich war.

Erschwerend und entscheidend kamen dann Rivalitäten zwischen Kartoffelzüchtern dazu. Denn die Quasi Monopolstellung des Instituts für Pflanzenzüchtung Groß Lüsewitz wurde im Juni 1958 beendet: Eine Vereinigung Volkseigener Saatzucht- und Handelsbetriebe (VVB Saat- und Pflanzgut) wurde im Ministerium für Land- und Forstwirtschaft gegründet und der Saatzüchter Günther Koehler (geb. 1923) als Leiter eingesetzt. Koehler wird von Gäde als „genialer Leiter, fachlich von hoher Kompetenz, ausgestattet mit großem Durchsetzungsvermögen", „aber immer unterwürfig der Partei ergeben" beschrieben.[322] Die VVB bestand bis 1988 und entwickelte sich zu einem zentralistisch geleiteten Agrarkonzern, der mehr als 100 Betriebe der Saatgutwirtschaft koordinierte.

Der Zeitpunkt lässt die Frage entstehen: Handelt es sich um eine Konkurrenzgründung mit absolut staatstreuer Belegschaft in der

---

[322] Gäde: Pflanzenzüchtung in den neuen Bundesländern, S. 65.

Folge der öffentlichen Kritik aus den Reihen der Saatzüchter im Fall Baltzer? War es eine staatliche Reaktion auf professionelle Unabhängigkeit? Es finden sich immerhin viele kritische Anfragen des MfS nach der „gesellschaftlichen Haltung" Schicks in den ersten Monaten 1958 im „Beobachtungsvorgang" 11/56.

Die Aufgabe – nicht überraschend – war die Züchtung der perfekten Kartoffel: resistent gegen Krankheiten, ertragreich, gut lagerbar, gut schmeckend, widerstandsfähig gegen raue Behandlung. Koehler setzte eine Arbeitsteilung zwischen Neuzüchtung und Erhaltungszüchtung durch, wobei seinen Instituten die Erhaltungszüchtung, Groß Lüsewitz die Neuzüchtung zukam. Die Frage lag auf der Hand: Wer ist an den Mängeln in der Kartoffelproduktion schuld?

Rudolf Schick habe sich gut als Sündenbock geeignet, so zitiert die Biographin Schattenberg den Mitarbeiter Schicks und Pflanzenzüchter Werner Schweiger in einer mündlichen Äußerung. Denn Koehler sagte klar: Die Neuzüchtung ist schuld.[323]

Dieser Konkurrenzkampf wurde berufsöffentlich ausgetragen, in den Treffen und Konferenzen von Kartoffelzüchtern aus Groß Lüsewitz und von der VVB wurde heftig diskutiert und die Schuldfrage erörtert. Es ging um die Organisation (Trennung von Neu- und Erhaltungszüchtung), um Zuchtziele (Krankheitsresistenz oder Ertrag oder Stärkegehalt usw.) um Zulassung oder Streichung von Kartoffelsorten. Im Jahre 1968 gab es eine Art Friedensschluss, in dem die Zusammenarbeit von Groß Lüsewitz und VVB Saatgut organisiert wurde. Dies bedeutete für Schick

---

[323] Schattenberg: Schick, S. 89-91.

allerdings die Entmachtung, er musste die Leitung von Groß Lüsewitz abgeben.

Der Ablauf der Auseinandersetzungen soll in diesem Rahmen nicht im Detail dargestellt werden, nachzulesen ist er im Biographischen Porträt von G. Schattenberg[324]. Hier kann es nur darum gehen, die Ergänzungen, die die GI-Berichte u.a. bieten, zusammenzufassen. Letztlich kann man vor allem wiederum die Arbeitsweise der MfS-Mitarbeiter und ihre Denkweise nachvollziehen, wie auch schon in den 50er Jahren.

Das Material der Stasiakte enthält eine ganze Reihe von Berichten von GI Hans-Georg, GI Carmen etc., die die Diskussionen referieren. Da alle Namen in meinen Kopien geschwärzt sind, ist die Handlungsweise der zentralen Gegnerfigur Koehler nicht zu identifizieren. Die hauptamtlichen MfS-Mitarbeiter Treichel und Telschow erkundigten sich auch in Groß Lüsewitz institutsöffentlich selbst bei einem Diplomlandwirt, der dort arbeitete.

In der Sprache des MfS hörte sich der Beginn der Operativen Vorlaufsakte im Februar 1965 folgendermaßen an:

> „Aus den vergangenen Jahren sind eine Reihe von Mißständen und Mängeln aus dem Gebiet der Kartoffelzüchtung und der Kartoffelproduktion bekannt geworden, über deren Ursachen es grundverschiedene Auffassungen zwischen den Vertretern des Instituts für Pflanzenzüchtung Groß Lüsewitz und Praktikern sowie zentralen Institutionen gibt.

---

[324] Schattenberg: Schick, S. 124-127.

> Es muß operativ geklärt werden, welches die wirklichen Ursachen für diese Mißstände und Mängel sind, bzw. inwieweit eine Feindtätigkeit der auf diesem Gebiet tätigen Personen vorliegt.
>
> Aus diesen Gründen wird vorgeschlagen, eine operative VA zur Klärung des Sachverhalts anzulegen."

Betroffene Personen waren neben Rudolf Schick drei weitere Mitarbeiter (geschwärzt). Die genannten „zentralen Institutionen" sind die VVB Saat- und Pflanzenzucht mit dem Leiter Günther Koehler (siehe oben) und die Zentralstelle für Sortenwesen, die sich also als Gegner von Groß Lüsewitz präsentierten. Offensichtlich fiel es dem MfS schwer zu akzeptieren, dass eine Frage nicht eindeutig gelöst werden kann, wie es bei wissenschaftlichen Fragestellungen nicht selten der Fall ist, sondern dass unterschiedliche Erklärungsansätze nebeneinander stehen bleiben. Die naheliegende Erklärung eines Machtkampfs zwischen mehreren Institutionen, der ja vielleicht selbst angelegt worden war, scheint ebenfalls nicht im Blick zu sein.
Dagegen drängte sich die Erklärung durch eine Verschwörungstheorie auf. Der böse Wille des Feindes schien wie schon 1951 die einleuchtendste Erklärung, Sabotage und Spionage waren Ursachen für Probleme.
In den fünf Monaten zwischen Anfang März und Juli 1965 entstanden ca. 300 Seiten mit Treffberichten, Gesprächsprotokollen und Briefabschriften mit den diversen Argumenten zu den Kartoffelproblemen. Danach kamen die MfS-Mitarbeiter zum Ergebnis, dass die Operative Vorlaufakte in einen Operativen Vorgang (die nächsthöhere Stufe der Beobachtung)

„umregistriert" werden müsse. Dieser heißt jetzt „Forschung" (im „Bereich Wissenschaft und Forschung") und zielt nicht mehr auf Klärung der Ursachen der Kartoffelprobleme, sondern auf die „ideologische Position" der beteiligten Wissenschaftler. Man hatte nämlich festgestellt, dass

> die durchgeführten operativen Maßnahmen keine Hinweise (ergaben), daß die Ursachen für die im Sachverhalt aufgezeigten Mißstände und Mängel in der Kartoffelzüchtung und -Produktion (sic!) in einer Feindtätigkeit begründet liegen.
>
> Die Meinungsverschiedenheiten zwischen den staatlichen Institutionen und dem Institut für Pflanzenzüchtung sind weitgehend bereinigt. Gegenwärtig sind alle beteiligten Seiten bemüht, eine sachliche Arbeitsatmosphäre zu schaffen.[325]

Anstatt die Akte zu schließen, wurde in der Folgezeit also nur der Fokus verschoben. Angriffspunkt wurde nun die Tatsache, dass Rudolf Schick oft Forschungsergebnisse aus Groß Lüsewitz in der Fachzeitschrift „Der Züchter" veröffentlichen ließ und seine Mitarbeiter dazu aufforderte, möglichst häufig dort zu publizieren. Es wird von den MfS-Mitarbeitern betont, dass „Der Züchter" vom Westberliner Springer-Verlag herausgegeben wird. Dies scheint ihnen besonders verdächtig, so dass einem heutigen Leser der Verdacht in den Sinn kommt, die MfS-Mitarbeiter verwechselten hier den Axel-Springer-BILD-Herausgeberverlag mit dem angesehenen Wissenschaftsverlag.[326] Die Zeitschrift war

---

[325] BStU MfS BV Rst AOP 716/67 Band II, Aktenvermerk am 2.11.1965, S. 119.
[326] Ein IM weist selbst auf die Möglichkeit der Verwechslung hin.

1929 von Erwin Baur gegründet worden und existierte bis 1967, mit einer Lücke in den Jahren 1944/46. Es war eine internationale Fachzeitschrift, in der Wissenschaftler beider deutscher Staaten publizierten und durch die es den DDR-Züchtern auch möglich war an der internationalen wissenschaftlichen Diskussion teilzunehmen. Prof. Stubbe war Herausgeber, Schick gehörte selbst zum Redaktionskollegium.

Verdächtig erschien den Mitarbeitern auch, dass in den Artikeln über die Forschungen in Groß Lüsewitz von „Fehlern" und „Mängeln" die Rede ist. Dies müsse die Kartoffelforschung der DDR diskreditieren und damit die Exportchancen ins kapitalistische Ausland gefährden.[327] Und überhaupt handele es sich um Verrat, wenn „Erstveröffentlichungen nach Westdeutschland und ins kapitalistische Ausland ausgeschleust werden"[328]. Ein Verhalten, das unter Wissenschaftlern als völlig normale Diskussion wissenschaftlicher Forschungsergebnisse bewertet wird, gerät hier in den Verdacht der Spionage und der „Nestbeschmutzung". Es sind ganz offensichtlich verschiedene Welten, in denen sich die MfS-Mitarbeiter und die Saatzüchter bewegen.

Gänzlich absurd wird es, wenn der MfS-Mitarbeiter beklagt, dass

> die Publikation unserer Forschungsergebnisse in erster Linie Westdeutschland zugute (kommt), da der Abonnentenkreis der Zeitschrift nicht vergrößert werden darf und sie dort weit verbreitet ist. In der DDR wird sie nur von einer sehr geringen Anzahl von Wissenschaftlern gelesen, obwohl die Nachfrage sehr

---

[327] BStU MfS BV Rst AOP 716/67 Band II Abschrift vom 13.9.1965.
[328] BStU MfS BV Rst AOP 716/67 Bd. II Aktenvermerk am 2.11.1965.

groß ist. In Gr. Lüsewitz erhält sie lediglich Prof. Schick.[329]

Das zahlenmäßige Missverhältnis beim Lesepublikum hätte sich ja leicht ausgleichen lassen, indem man staat- bzw. parteilicherseits die Zensur aufhob. So viel Logik brachte aber dieser Beobachter der Nachteile der Zensur nicht auf. Die Entscheidungen der SED-Spitze erschienen als sakrosankt und unmöglich in Zweifel zu ziehen.

Der MfS-Mitarbeiter Kuhrig überprüfte ganze Jahrgänge der Zeitschrift „Der Züchter" (mehrere Ausgaben befinden sich in der Akte) und stellte abschließend fest: Es werde „keine Politik für die DDR gemacht", überhaupt zu wenig von der DDR und DDR-Sorten geschrieben. Sein Fazit war: Die Zeitschrift solle weiter mit dem internationalen Herausgebergremium erscheinen, jedoch im Akademieverlag in (Ost-)Berlin, nicht mehr im Springerverlag. Diese Schlussfolgerung war an den Minister für Land- und Forstwirtschaft Ewald am 5. April 1965 gerichtet. Das Ergebnis des gesamten Operativen Vorgangs „Forschung" wurde am Ende an das ZK der SED, also an die höchste Stelle von Partei und Staat der DDR übermittelt. Dort sowie im Zentralen Landwirtschaftsrat der DDR seien

> die Ergebnisse des OV Forschung ausgewertet und Maßnahmen zur Einschränkung der Möglichkeiten für die illegale Ausschleusung von Forschungsergebnissen durch die Deutsche Akademie der

---

[329] BStU MfS BV Rst AOP 716/67 Bd. I, Zwischenbericht vom 21.7.1965, 22 Seiten, S. 107f.

Landwirtschaftswissenschaften zu Berlin eingeleitet worden (…).[330]

Rudolf Schick wurde verboten, weiter in der Zeitschrift zu veröffentlichen. Die Zeitschrift stellte 1968 ihr Erscheinen ein; es liegt nahe, einen Zusammenhang zu vermuten.[331]

Der Spionageverdacht bleibt der Akte auch in anderer Form erhalten. IM Hans-Georg sieht große Probleme bei den zahlreichen Besuchern in Groß Lüsewitz, Wissenschaftlern, die einige Zeit dort arbeiteten und von ihm der „Spionage" verdächtigt wurden, was in diesem Fall hieß, dass sie Zuchtmaterial heimlich mitgenommen haben sollen und so billig zu wertvollem Saatgut gekommen seien. Die Besucher in Groß Lüsewitz kamen hauptsächlich aus den Ostblockstaaten, aber es gab auch Wissenschaftler aus dem Westen, insbesondere aus der Bundesrepublik oder aus den Niederlanden.[332]

Was bedeuteten alle diese einzelnen Überwachungen und Einschränkungen für Rudolf Schick? Einen indirekten Einblick erhält man aus den Beschreibungen der IM, die mehrfach davon berichten, dass er sich laut und voller Wut auf Besprechungen mit den Vertretern der VVB Saat- und Pflanzenzucht gestritten habe. Die psychische Anspannung wurde den Beobachtern in seinem Verhalten vor Augen geführt. Ausdrücklich werden mehrere hohe Parteifunktionäre im „Biographischen Porträt" genannt, zu denen

---

[330] BStU MfS BV Rst AOP 716/67 Bd. II. Am 5.2.1967 zitiert im Abschlussbericht zum Operativ-Vorgang „Forschung" vom 30.3.1967.
[331] Dies konnte ich nicht mehr überprüfen.
[332] Zwischenbericht zur op. VA MfS BV Rst AOP 716/67 Bd. I, vom 21.7.1965, S. 21.

Schick gespannte Beziehungen gehabt habe, neben dem bereits genannten Günther Koehler von der VVB vor allem Gerhard Grüneberg, der als Nachfolger von Mückenberger (siehe oben) verantwortlich für die Industrialisierung der DDR-Landwirtschaft gewesen sei. Zur Charakterisierung von dessen Wirken verweist der Autor in Wikipedia sarkastisch auf ein Zitat von Norbert Ploetzl aus dessen Biographie über Erich Honegger: Nur der Tod Grünebergs 1981 habe die DDR-Landwirtschaft vor dem totalen Zusammenbruch gerettet.[333] Ein Zeitgenosse vermutete, es habe politische Gründe gegeben, gegen Groß Lüsewitz misstrauisch zu sein, da zu wenige Mitarbeiter dort Parteigenossen gewesen seien, angefangen bei Schick selbst, der immer einen Parteibeitritt vermieden hat.[334]

Zu diesem Zeitpunkt war Rudolf Schick bereits ernsthaft an Krebs erkrankt – betrachtet man den gesamten Zeitraum nach dem Krieg, so erscheint die Vermutung plausibel, er habe sich in seinem Berufsleben an den sachlichen und vor allem politischen Widerständen die Gesundheit ruiniert. Ein Mensch, der sich selbst schonte und auf seine Gesundheit achtete, war er allerdings sowieso nicht.

Ein zweiter IM mit dem Decknamen „Tanne" erstellte ein negatives Charakterbild über Schick – das einzige übrigens in allen Akten des BStU. Er habe seinen Schwiegervater Lembke „brutal" aus Malchow entfernt, ebenso die Assistentin von Lembke zwangsweise nach Groß Lüsewitz versetzt, obwohl diese

---

[333] https://de.wikipedia.org/wiki/Gerhard_Gr%C3%BCneberg#cite_note-1 (Lesedatum 10.8.2015).
[334] Schattenberg: Schick, S. 96.

das nicht wollte.[335] Eva Hochstetter, älteste Enkelin von Hans Lembke und Tochter von Rudolf Schick, vermutet, dass es sich hier um Lizzy Wesener, genannt Tantchen, handelt, die über Jahrzehnte als engste Mitarbeiterin in Malchow gearbeitet habe. Die negative Darstellung bestätigt die Zeugin aber ausdrücklich nicht, im Gegenteil: Die alte Dame sei sehr wohl einverstanden gewesen mit dem Umzug, den sie bewusst geplant und selbstbestimmt durchgeführt habe.[336]

Aus Nebenbemerkungen und internen Kenntnissen geht hervor, dass „Tanne" ein Mitarbeiter in Groß Lüsewitz in der Kartoffelzüchtung war, der „ausstieg" (S. 54).

Nach der Wiedervereinigung 1990 hat die Akademie der Landwirtschaftswissenschaften Rudolf Schick ausdrücklich rehabilitiert und anerkannt, dass er in den 60er Jahren Opfer von Parteiintrigen geworden ist. Zitat aus dem Brief des Präsidenten der Akademie an die Witwe Erika Schick: „Diesen Auseinandersetzungen und Kritiken lag politische Willkür zugrunde."[337]

---

[335] Bericht von „Tanne" HA XVIII/6/1 (also Berlin), 23.12.64, in: BStU MfS BV Rst AOP 716/67 Bd. I, S. 49-54.
[336] Gespräch mit der Verfasserin im Oktober 2012.
[337] Schattenberg: Schick, S. 128.

Fazit: Situation und Charakter II

Für Hans Lembke führte meine Frage nach dem Anteil von Situation und Charakter im ersten Teil dieses Buches zu einer differenzierten Antwort. Gilt sie auch für Rudolf Schick?
Auf den ersten Blick ja. Denn in vielen Eigenschaften waren sie sich recht ähnlich. Beide waren Unternehmerpersönlichkeiten, von ihrer Lebensaufgabe gefangen genommen, ja geradezu besessen. Beide waren auch Kaufleute, praktisch erfahrene Landwirte und wissenschaftlich gebildete Züchter. Arbeit war ihr Leben, dementsprechend pflegten sie kaum Freizeitbeschäftigungen, wenn man nicht die Jagd oder gelegentliche Skiurlaube in der Schweiz im Falle Schicks dazuzählt.[338] Persönliche Freunde wurden die Fachkollegen, für andere private Kontakte gab es eine große Verwandtschaft.
Zweitens: Beide scheinen wenig Angst vor Autoritäten gehabt zu haben. Gemeinsam war ihnen wohl die Überzeugung: Wenn man alles gemäß der eigenen ethischen Überzeugung richtig macht, kann keine Macht der Welt einen brechen. Aber wirklich auf die Probe hat das Schicksal sie nicht gestellt, weder im „Dritten Reich noch in der DDR, es gab keine Verhaftungen, keine Verhöre, Anklagen, Prozesse, Haftstrafen, keine Erpressung.
Sieht man aber näher hin, so zeigt sich ein entscheidender Unterschied: Rudolf Schick konnte viel weniger Distanz zu den jeweiligen Zeitumständen bewahren als Hans Lembke. Er ließ

---

[338] Rudolf Schick (jun.) berichtet von mehreren Skiurlauben in der Schweiz Ende der 50er Jahre, ein für damalige DDR-Bewohner unerhörtes Vergnügen. Als Hobby seines Vaters nennt er auch Gärtnern, was noch nah an der beruflichen Tätigkeit liegt. (Mail vom 2.8.2015).

sich wesentlich leichter sozusagen bedingungslos auf die gerade aktuell aufscheinenden Möglichkeiten und Aussichten seiner unmittelbaren Gegenwart ein. Flexibel ergriff er Chancen, sobald sie sich zeigten, plante Neuerungen, entwarf Projekte und trieb in unermüdlicher Energie die Arbeit voran. Seine Briefe an den Schwiegervater der 30er und 40er Jahre zeigen seine Begeisterung für die saatzüchterischen Möglichkeiten des Pachtbetriebs in Litauen. Auch sein Schwiegervater ließ sich auf das Unternehmen ein, aber entschied doch viel nüchterner und vorsichtiger, gelegentlich auch gegen den Strom.

Genauso eindrucksvoll ist die Liste der Neuerungen und Reformen, die Schattenberg im „Porträt" für die Jahre in Groß Lüsewitz zusammenstellt, von der Industrialisierung der Viehhaltung bis zu Studienreformen.[339] Seine Projekte für gesunde Lebensbedingungen der Dorfbewohner reichten von Neubauten mit Innenbad bis zu befestigten Straßen mit Bürgersteigen und Dienstleistungen wie Friseur und Wäschereien.[340]

In seiner Stellung als Leiter eines „volkseigenen" Saatzuchtbetriebes war Schick in der DDR sehr viel direkter von Beamten und Parteikadern abhängig als als angestellter Saatzuchtleiter in Neu-Buslar. Die staatlichen Stellen forderten vollständige und bedingungslose Anpassung und blieben grundsätzlich geneigt, sachliche Probleme als Ergebnis poli-

---

[339] Schattenberg: Schick, S. 102-116. Ob wir aus heutiger Sicht eine Massentierhaltung für erstrebenswert halten, ist eine andere Frage.
[340] Sein jüngster Sohn Rudolf Schick bezeichnete diese Projekte als „sein Hobby" – in jedem Fall weit über seine Pflichten als Instituts- und Betriebsleiter hinausgehend.

tischer Verschwörung zu ahnden.

Soweit wir es wissen, war Rudolf Schick im Prinzip mit dem Sozialismus einverstanden, der seiner Weltsicht entsprach, und war bereit diesen Rahmen als legitim anzuerkennen. Und trotzdem geriet er geradezu zwangsläufig in die misstrauische Beobachtung durch die MfS-Mitarbeiter, offen und versteckt. Dieser geradlinige und auf sachliche Arbeit konzentrierte Charakter kollidierte also gegen seinen Willen mit den Herrschenden. Und konnte es nicht lassen. Manchmal scheint er den eigenen Einfluss überschätzt und nicht taktisch realistisch genug Erfolgsaussichten einschätzen gekonnt zu haben, schon Anfang der 30er Jahre im KWI für Züchtungsforschung. Und auch in der DDR: Bis zu seinem Tode engagierte sich Schick rückhaltlos, obwohl er wissen konnte und wohl auch insgeheim genau wusste, dass er schließlich den politisch einflussreichen Konkurrenten unterlegen sein musste. Es ging nicht um die Sache, es ging um Macht. Trotzdem hat er sich nicht zurückgezogen, sondern hat einen aussichtslosen Kampf weitergeführt.

Am Ende meiner Recherchen neige ich also dazu, der These Harald Welzers über den Primat der Situation zu widersprechen. Zwar gibt es nur eine nuancierte Antwort, kein klares Entweder – Oder, aber bei beiden Personen spielte ihre sehr persönliche Art, den Anforderungen der Umwelt zu begegnen, eine zentrale Rolle dafür, in welchem Maße sie ihre beruflichen Pläne innerhalb des gegebenen Systems verwirklichen konnten. Opfer der DDR-Diktatur wurde Rudolf Schick in gewissem Sinne deshalb, weil er sich ohne Distanz auf das unmittelbar Geforderte einließ. Hans

Lembke dagegen bewahrte sich immer einen Abstand, der ihn vor der totalen Inanspruchnahme rettete. Das Gewicht der „Situation" jedoch wird durch den einfachen Tatbestand, dass sie verschiedenen Generationen angehörten, massiv verstärkt. Vielleicht hat Hans Lembke nur sein 1945 bereits fortgeschrittenes Alter vor größeren Repressalien und massiven Angriffen bewahrt.

Mein Wundern über das Heroenbild meines Großvaters hat sich nach all' der Quellenlektüre in großen Respekt und verständnisvolle Achtung mit Hintergrundwissen seiner Situation verwandelt. Manche Fragen sind offen geblieben. Ebenso habe ich den mir unbekannten Onkel überhaupt erst kennen und dabei schätzen gelernt.

Danksagung

Zur Erläuterung des familialen Teils des Projekts muss man wissen, dass die Familien der Nachfahren von Hans Lembke durch die deutsche Teilung zur einen Hälfte in der Bundesrepublik Deutschland und zur anderen Hälfte in der Deutschen Demokratischen Republik lebten – bis zum Mauerfall 1989.

Tochter Gertrud ging mit ihrer Familie 1953 von Rostock nach Frankfurt am Main, die drei Kinder Anne-Katrin, Karsten und Christiane sind im Westen erwachsen geworden. Sohn Hans-Georg gründete – wie dargestellt – einen Ableger des väterlichen Saatzuchtbetriebs in Hohenlieth, in der Nähe von Eckernförde. Seine sechs Kinder Barbara, Annemarie, Margrit, Gisela, Hans-Joachim und Christa sind dort aufgewachsen.

Die Kinder von Hanna und Rudolf Schick Eva, Hans, Wulff, Joachim, Ursula und Rudolf (jun.) wuchsen in der DDR auf und blieben bis auf Eva alle dort. Aus der zweiten Ehe mit Erika Hochstetter stammen drei weitere Kinder: Sabine, Michael und Christoph.

Als Kinder trafen sich West- und Ostvettern und -kusinen in den 50er Jahren in den Sommerferien in Malchow. Es gab dann noch gelegentliche Begegnungen bis 1966 von einzelnen Nachfahren im Hause des Großvaters in Rostock, wo einige Schick-Enkelinnen während des Studiums zeitweise wohnten und man aus dem Westen den Großvater besuchte. Zu einem großen Teil blieben sich jedoch die beiden Zweige der Familie in der

Enkelgeneration gegenseitig unbekannt, bis der Mauerfall 1989 die Möglichkeit zum Kennenlernen eröffnete. Auch der enteignete Betrieb kam letztlich wieder in Familienhand.

Dass dieses Buch ein deutsch-deutsches Familienprojekt geworden ist, zeigt sich daran, wem ich zu danken habe.
Da steht an erster Stelle mein Bruder Karsten Schröder. Ihm danke ich für seine unermüdlichen Nachfragen und Diskussionen über unseren Großvater, für das Scannen von Familienfotos und -dokumenten, für vielfältige Beratung und fürs Korrekturlesen des Manuskripts.
Im Bundesarchiv konnte ich im Nachlass von Rudolf Schick mit Eva Hochstetter und Sabine Marth, beide geb. Schick, forschen, eine gemeinsame Arbeit, die ich in guter Erinnerung habe. Außerdem verdanke ich Eva den Hinweis auf den Roman von Roman Frister (Ascher Levys Sehnsucht nach Deutschland) und Antworten auf manche Fragen – der Text dokumentiert es.
Mein Schwager Hans-Hermann Braun hat mit seiner Fachkenntnis von agrarischen Immobilien meinen Vermutungen über den Wert des Gutes Neu-Buslar eine solide Grundlage gegeben. Er hat in fleißiger Kleinarbeit die nötigen Fakten für eine ungefähre Einschätzung zusammengetragen. Danke!
Rudolf Schick jun., den ich zum 80. Geburtstag meiner Mutter und seiner Tante 1988 in Mainz neu kennenlernen durfte, hat mir mit vielen Einzelheiten über die Verwandten weitergeholfen. Danke für die ausführlichen Gespräche und die Gastfreundschaft in Berlin, die er mir gemeinsam mit seiner Frau Helga geboten hat!

Dietmar Brauer hatte immer ein offenes Ohr und interessierte Fragen für die Geschichte von Malchow, einige Quellen hätte ich ohne seine Hinweise nicht gefunden. Und Danke für die Mühe, einen ersten Teil des Textes gegenzulesen, der noch recht unfertig war, aber doch schon die Umrisse des geplanten Buches erkennen ließ. Sabine Brauer hat dadurch, dass sie mir auf meine Ringuvele-Anfrage hin zu Weihnachten 2008 die beiden Leitzordner über das litauische Gut zuschickte, einen entscheidenden Anteil daran, dass ich das Projekt ernsthaft in Angriff genommen habe. Beiden verdanke ich auch großzügige Gastfreundschaft in der Familienferienwohnung, die ich benutzen durfte während meiner Recherchen im Archiv Malchow.

Dass aus der Datei tatsächlich ein Buch geworden ist, verdanke ich Werja Judith Guzzoni, denn ihrer Sorgfalt ist es zu verdanken, dass die technische Herstellung gelungen ist.

Mehreren Zeitzeugen – Heinrich Baudis, Günther Dethloff – habe ich zu danken für ihr Vertrauen und die Zeit, die sie meinen Fragen gewidmet haben. Ebenso haben mir Historiker mit ihrer Quellenkenntnis weitergeholfen: so Michael Heinz, Siegfried Kuntsche, Mario Niemann und Elke Scherstjanoi.

Last, not least gilt mein Dank den Archivaren, deren Fleiß und Kenntnissen ich alle nichtfamiliären Quellen verdanke. Unvergesslich ist mir die Bemerkung der Archivarin der BStU, sie habe viel über die Kartoffel gelernt – genauso ging es mir auch. Und Nachrichten über die Landwirtschaft in der Europäischen Union lese ich jetzt mit mehr Neugier und Verständnis.

Anhang:
Gutachten zur Wertermittlung des Gutshofs Neu-Buslar

Hans-H. Braun   05321 45393   0160 98636398
Fillerbrunnen 19   h-h.braun@t-online.de
38640 Goslar

März 2015

Wertermittlung
zum Gutshof Neu-Buslar, Pommern

Zu ermittelnder Wert:	Verkehrswert
Zweck des Gutachtens:	Ergänzung der Arbeit von Dr. Christiane Tichy zur Person Prof. Dr. Hans Lembke
Bewertungsstichtag:	Mai 1936
Auftragserteilung:	Familiäre Einbindung

I. Vorbemerkung

Der Gutsbesitzer Prof. Dr. h.c. Hans Lembke hat mit Kaufvertrag vom 26.05.1936 UR 214/1936, Notar Dr. Walther Zubke, Köslin, den Gutshof Neu-Buslar, Kreis Belgard, von der im Vertrag näher bezeichneten Eigentümergemeinschaft erworben. Die Eigentümer waren jüdischer Abstammung. Im Hinblick auf die seinerzeit politisch brisante Situation stellt sich für C T die Frage nach sich hieraus möglicherweise ergebenden Auswirkungen.

Zu berücksichtigen ist die Tatsache, dass der Verkauf zum Zwecke der Erbauseinandersetzung und der Durchführung der Liquidation der Firma Ascher Levy in Bad Polzin, deren alleinige Inhaber die Verkäufer waren, erfolgt (Seite 3 des Kaufvertrages). In diesem Zusammenhang ist der Verkaufsfall somit als familiäre und wirtschaftliche Überlegung zu sehen.

II. Bewertungsgrundsatz

Eine Ermittlung des Verkehrswertes nach den einschlägigen Wertermittlungsrichtlinien Land-Forstwirtschaft ist rückwirkend nicht möglich. Das Objekt besteht in der ursprünglichen Zusammensetzung vermutlich nicht mehr. Örtlichkeiten sind dem Ermittler nicht bekannt, sie wären nur mit unverhältnismäßig zeitlichem Aufwand zugänglich. Einzelheiten der Bodennutzung, der Beurteilungen von

Bausubstanzen, der Lage und dem Zustand der Betriebsflächen, dem lebenden und toten Inventar usw. sind nur pauschal möglich. Grundlagen für die Ermittlung sind:

1. Kaufvertrag,
2. Zusammenfassung einer nicht näher bezifferten Wertermittlung aus den Unterlagen des Bundesarchivs,
3. Einheitsbewertung,
4. Ertrags-und Verlustrechnung von 1936-1943,
5. Arbeit „Die Arisierungen in der Land-und Forstwirtschaft 1938-1942" von Angela Verse-Herrmann, Franz Steiner Verlag Stuttgart, 1997,
6. „Pommernoriginale" (Berichte über Jagd, Land-und Forstwirtschaft 1900-1945) von Land-und Forstwirt Hasso von Knebel Doeberitz, Wage Verlag 2002,
7. Mitteilung des Landesarchivs Greifswald vom 03.02.2015,
8. Div. Ermittlungen aus dem Bundesarchiv durch C T und Sabine Marth, geb. Schick.

III. Betriebliche Situation

Die Eigentumsfläche des Gutes betrug 262 ha. Eine Aufteilung in die unterschiedlichen Nutzungsarten – Hof-, Gebäudefläche, Grünland, Ackerland, Wald – liegt nicht vor.

In den nachfolgenden Überlegungen wird diese Größe zugleich als Betriebsfläche angesehen.

Betriebe dieser Größenordnung waren in der Zeit nur vielseitig zu bewirtschaften. Sie waren als „normaler großer Bauernhof" zu sehen. Unterschiede gab es logischerweise hinsichtlich

- Mitarbeiterstamm,
- Maschinen- und Geräteausstattung,
- Viehbestand.

Betriebswirtschaftliche Spezialisierungen waren hierdurch nicht ausgeschlossen. So ist der Erwerb dieses Betriebes für eine nachhaltig vorgesehene Kartoffelzüchtung erfolgt.

IV.   Gebäude und bauliche Anlagen

Die Wohn-, Wirtschaftsgebäude und Mitarbeiterwohnungen sollen sich in einem guten Zustand befunden haben (Mitteilung Gertrud Schröder). Nach den Ermittlungen von C T sind nach dem Erwerb aber erhebliche Bauaktivitäten erforderlich gewesen. In der Zusammenstellung der vorliegenden Wertermittlung -Ziff. II 2- erhalten die Gebäude einen Ansatz von ca. 208.000 RM.

V.   Bodenwerte

Der Bodenwert kann nicht gesondert ermittelt werden, da hierzu keine Angaben vorliegen. In der vorerwähnten Wertermittlung -Ziff. II 2- findet sich ein Ansatz von ca. 86.600 RM. Einbezogen sind die Waldflächen ohne Größenangabe, Art der Bestockung und dem Altersklassenaufbau. Ein Indiz ergibt sich aus § 1 des Kaufvertrages. Danach waren u. a. das bereits eingeschlagene Rund- und Stangenholz in nicht genanntem Umfang vom Vertrag ausgenommen. Diese Feststellung lässt auf einen nicht unerheblichen Waldflächenanteil mit schlagreifen Beständen schließen.

VI.   Pachtflächen

Über vorhandene Pachtflächen liegen keine Erkenntnisse vor.

VII.   Lebendes und totes Inventar, Vorräte

Die Wertangaben nach Ziff. II 2:
Geräte, Maschinen usw. ca.45.000 RM.
Viehbestand ca. 51.100 RM.
Vorräte ca. 89.300 RM.

VIII. Wertermittlung

Im Hinblick auf die Situation sind nachfolgend die Hektarpreise heranzuziehen. Zur Erläuterung: 1 ha hat eine Größe von 100 x 100 m = 10.000 m². 100 ha von 1.000 x 1.000 m = 1 km².

1. Vergleichswerte

    Zur Ermittlung von Vergleichswerten habe ich Kontakte mit

    - Landwirtschaftskammer Niedersachsen,
    - Statistisches Amt M-V,
      Dez. für Agrarwirtschaft,
    - Bundesarchiv Koblenz,
    - Landesarchiv Greifswald

    aufgenommen. Vergleichswerte konnten mir nicht benannt werden. Das Landesarchiv Greifswald teilte mir einen durchschnittlichen **Einheitswert** aus dem Jahre 1939 für ein Gut in Größe von 260 ha in Höhe von 200.000 RM (770 RM/ha) mit.

    Während meiner dienstlichen Tätigkeit fand ich in amtlichen Unterlagen einen Kaufvertrag aus der Zeit nach 1930. Er bezog sich auf ein Gut in Pommern in Größe von ca. 500 ha, das zu einem Kaufpreis von 450.000 RM (900 RM/ha) veräußert worden war. Zum Objekt sind keine Einzelheiten bekannt.

    Verse-Herrmann -Ziff. II 5- nennt im Kapitel 5.6.4 einen „durchschnittlichen" Hektarpreis von 2.000 bis 3.000 RM.

Ihr lagen reale Fakten vor, sie bezieht sich auf Flächenermittlungen jüdischer Eigentümer durch das zuständigen Reichsministeriums und ermittelt unter Anwendung der o. a. Preise einen fiktiven Gesamtwert des jüdischen Grundeigentums.

2. Zusammenfassung der vorliegenden Wertermittlung -s. Ziff. II 2-

   Die Wertermittlung beziffert einen Gesamtwert von 492.600 RM. Hieraus resultiert ein ha-Preis von 1.880 RM.

   Dieser Wert kann vorerst für sich gesehen werden.

3. Einheitsbewertung

   Die weitergehende Einheitsbewertung bezog sich auf den Hauptfeststellungszeitpunkt 1935. Es sollten reale Werte festgelegt werden, die natürlich betriebsbedingt Unterschiede aufweisen konnten. Diese Vorstellung einer „Realwertermittlung" war nicht durchführbar, da für jede Liegenschaft (nicht nur Land-und Forstwirtschaft) fachbezogene Wertermittlungen erforderlich geworden wären. So war für Neu-Buslar 1935 ein Einheitswert von 73.900 RM festgesetzt worden (Mitt. C T vom 23.10.2014). Hieraus ergibt sich ein ha-Wert von 282 RM. Dieser Wert liegt erheblich unter dem vom Landesarchiv Greifswald für vergleichbar große Betriebe mitgeteilten durchschnittlichen Einheitswert von 220.000 RM (ha =770 RM). Die Bewertungsunterlagen sind nicht vorhanden. Der erhebliche Unterschied könnte auf geringe Bonität, weniger gute Bausubstanz und Betriebseinrichtungen, den Kulturzustand und einen hohen Investitionsbedarf zurück zu führen sein. Hierfür spricht, dass Hans Lembke nach den Ermittlungen von C T in den Jahren nach dem Erwerb erhebliche finanzielle Mittel für Baumaßnahmen aufzuwenden hatte.

4. Beeinflussung der Preisfindung durch die politische Situation

   Nach 1933 haben zahlreiche jüdische Mitbürger zumeist im Hinblick auf eine noch unvorhersehbare politische Entwicklung reagiert und sind nach Veräußerung von Grundeigentum, Firmen usw. ausgewandert.
   Allerdings war nach dem 1. Krieg mit längerfristig wirtschaftlicher Flaute ein gewisser Trend zur Auswanderung u. a. auch bei Landwirten zu verzeichnen. Afrika lockte mit unendlichen Flächen, die preiswert zu bekommen waren. So unternahm auch Hasso von Knebel Doeberitz -Ziff II 6- im Januar 1939 eine Afrikareise, um Auswanderungsmöglichkeiten zu ergründen. Bei den Berufsgruppen von Technik, Bau und Handel war es ähnlich.
   Eine Beeinflussung der Kaufpreise durch die politische Situation ist nicht erkennbar. Verwiesen wird auch auf Ziff. VIII 1.

5. Einfluss des Kaufpreises durch die politisch vorgegebene „Arisierungen" in der Land-und Forstwirtschaft
Die Beurkundung des Kaufvertrages ist im Mai 1936 erfolgt. Die Maßnahmen der „Arisierung" sind 2,5 Jahre später im November/Dezember 1938 angelaufen. Zum Thema hat sich C T umfassend geäußert. Ihre hierzu ergangenen Ausführungen sind vollinhaltlich zu bestätigen. Irgendwelche Rückschlüsse auf seinerzeit bereits erkennbare Entwicklungen eines „Preisverfalls" scheiden somit aus.

6. Gesetzliche Einschränkungen
Nach § 7 des Kaufvertrages hatten der zuständige Kreis Belgard und der Landlieferungsverband Pommern ein gesetzliches Vorkaufsrecht. Derartige Vorkaufsrechte waren i. d. R. für die reibungslose Abwicklung öffentlicher Aufgaben gesetzlich festgelegt. Wir finden sie in ähnlicher Form noch heute im Bau-, Straßen-, Schienen-, Naturschutzrecht usw. Speziell für eine gewisse Lenkung in der Landwirtschaft das Grundstückverkehrsgesetz, Reichssiedlungsgesetz (tatsächlich!), die Höfeordnung, das Landpachtverkehrsgesetz u. a.
Dabei trifft die Ausübung des Vorkaufsrechts vornehmlich den Erwerber; der Vorkaufsberechtigte muss in den bestehenden Vertrag eintreten, ist also an die Vereinbarungen hinsichtlich Kaufpreis, Übergabe usw. gebunden.

Die vorkaufsberechtigten Stellen haben das Vorkaufsrecht nicht ausgeübt.

7. Angebot und Nachfrage, Finanzierung

Die bis November 1938 frei verhandelbaren Kaufverträge über land-und forstwirtschaftliches Vermögen mit Ausnahme der Reichserbhöfe (zu denen Neu-Buslar wegen der Größe nicht gehörte) richteten sich üblicherweise nach Angebot und Nachfrage. Von Bedeutung waren die betriebswirtschaftlichen Aspekte (Bonität, Gebäudezustand, Inventar, Kulturzustände usw.), auf die nicht näher eingegangen werden soll.

Die Eigentümergemeinschaft hatte mit der Verwertung einen Makler beauftragt. Es kann unterstellt werden, dass dieser im Interesse seiner Auftraggeber tätig geworden ist und u. a. auch das Objekt öffentlich angeboten hat. Er hat von einem möglichst hohen Kaufpreis wirtschaftlich profitiert, da seine Provision 3 % der Kaufsumme betrug (§ 9 des Vertrages).

Die dargelegte Finanzierung war in der Zeit nicht unüblich. Das „Stehenlassen" von Restkaufgeldern führte unter teilweiser oder völliger Ausschaltung der Banken zu niedrigeren Zinsen. Für den Verkäufer ergaben sich Sicherheiten durch grundbuchliche Absicherungen.

Für Verkäufer und Makler war die Person des Käufers wichtig, da dieser trotz der grundbuchlichen Absicherung für das Aufbringen der Restforderungen eine Gewähr bieten musste. Für derartige Vertragsfassungen konnten nur honorige Personen mit klaren wirtschaftlichen Vorstellungen ausgewählt werden.

IX. Zusammenfassung

Der Kaufvertrag ist insgesamt sauber abgeschlossen und durchgeführt worden. Es gibt keinerlei Hinweise auf politisch gefärbte Einwirkungen, die zu Nachteilen der Eigentümer gegangen sein könnten. Der Kaufpreis lag deutlich unter den allgemeinen Verkehrswerten. Er war bestimmt durch Angebot und Nachfrage. Einheitswert und tatsächlicher Kaufpreis hielten sich die „Waage" auf niedrigem Niveau. Hans Lembke hatte zur Weiterführung seiner Zuchtaktivitäten eine bereits sehr langfristige Planung umsetzen können (mdl. Gertrud Schröder) und insgesamt einen wirtschaftlich positiven Kauf getätigt.

Benutzte Quellen und Literatur

Vorbemerkung: Es scheint mir sicher, dass es weitere Quellen – vor allem bei Verwandten – gibt, die ich nicht berücksichtigen konnte. Die folgende Beschreibung gibt Rechenschaft über das, was Grundlage der Darstellung ist.

Archive

1. Privatarchiv Lembke-Schröder („Privatarchiv")
Das sind die ungeordneten Papiere der zweiten Tochter Gertrud Lembke, verheiratet mit Walter Johannes Schröder.
Im Einzelnen:
- Briefe und Aufzeichnungen von Walter J. Schröder aus den 1980er Jahren über seine Jugend und wichtige Lebensstationen, zusammengestellt als Vorarbeiten für eine geplante Autobiographie, die nicht geschrieben wurde

- Taschenkalender von G. Schröder-Lembke mit stichwortartigen Einträgen (1927-1937)

- Tagebuch von G. Schröder-Lembke mit teils ausführlichen Aufzeichnungen (1926-1932)

- G. Schröder-Lembke: Wie ich zu meinem Arbeitsgebiet, der Agrargeschichte, gekommen bin. Manuskript für Kinder und Enkel

- Briefordner I: Briefwechsel des Ehepaares Schröder-Lembke zu verschiedenen Zeiten, insbesondere 1939-1945

- Briefordner II: Briefwechsel von Gertrud Schröder-Lembke mit Eltern, Schwiegereltern und Geschwistern

- Familienfotos zu besonderen Anlässen: Hochzeiten, Taufen, Feiertage, Reisen

2. Firmenarchiv der NPZ in Malchow („AMalchow")

Es handelt sich um zahlreiche Regalmeter Dokumente in zwei Kellerräumen in Malchow, bisher in der ursprünglichen administrativen Ordnung belassen. Ob Teile der Bestände vernichtet wurden (1945 oder 1989/90) konnte nicht überprüft werden, ist aber zu vermuten. Die Inventarisierungsarbeit ist begonnen, so dass in Zukunft das Archiv ein Findbuch haben wird. Ich habe Einzelakten der 1930/40er Jahre herausgezogen.

- Taschenkalender 1933-1945 von Hans Lembke mit beruflichen Terminen

- Briefwechsel des Saatzuchtbetriebs Malchow (1933 bis 1945)

- Zwei Aktenordner mit dem offiziellen Briefverkehr, Ringuvele und Ringuvenai I und II in Litauen betreffend (1942-1945)

3. Bundesarchiv Berlin-Lichterfelde
- Nachlass von Rudolf Schick N 2515

- Karteikarten der NSDAP für Rudolf Schick (ehem. BDC)

4. Landeshauptarchiv Schwerin
- 5.12-5/2 Ministerium für Landwirtschaft, Domänen und Forsten Nr. 19191

- 6.12-1/21 Rat des Kreises Wismar Nr. 614, 368 b

- 6.11-16 Ministerium für Land- und Forstwirtschaft Nr. 2902, 2949

- 6.21-2/3 GVVG Schwerin Nr. 3

- 6.21-3 VVG Schwerin Nr. 6, 265

- 6.11-21 Ministerium für Volksbildung Nr. 2421 (Honorarprofessoren)

- 6.21-1 Landesgüterverwaltung Nr. 41

- 10.26-2 Landwirtschaftlicher Treuhandverband Mecklenburg Nr. 401

5. Behörde für die Unterlagen des Ministeriums für Staatssicherheit in der ehemaligen DDR
(Seitenangaben lt BStU-Zählung)
- MfS BV Rst AOP 48/52, DB, S. 1-53

- MfS BV Rst AOP 92/56: Überprüfungsvorgang 33/55, S. 1-111

- Beobachtungsvorgang 11/56, S. 1-25, 27-37, 42-70, 80-116

- MfS AU Nr. 126/55, Bd.1, DB, S. 33, 38, 163-166, 169-177, S. 207-221, 223-235

- Bd. 3 DB, S. 41-50, 91-95, 154-157, S. 257-266, 270-275

- Bd. 9 (Beiakte), DB, S. 85-87, 100-102, S. 107-109

- Ermittlungsverfahren MfS Abt. IX, 316/54

- MfS BV Rostock AP 1552/70 Handakte (anonymisiert) S. 1, 4-10, 14, 17, 18, 37

- MfS BV Rst AOP 716/67 Band I DB, S. 2-41, 43-125, 128-145

- Band II DB, S. 1-4, 1 S. ohne Zählung, S.5-23, 24/25 (1xA3), S. 26/27 (1xA3), 28-148

- MfS HA XX Nr. 5752, DB, S. 60, 61, 64-66

- MfS ZAIG Nr. 859, DB, S. 1-3

- MfS ZAIG Nr. 198, DB, S. 1, 2

- Karteikarten HA IX/11 und HA XX (5, ohne BStU-Zählung)

Gedruckte Quellen

1933 bis 1945:

Frister, Roman: Ascher Levys Sehnsucht nach Deutschland. Berlin 1999

Schürmann, A.W.: Der deutsche Osten ruft. Hamburg 1942

Verordnungsblatt des Reichskommissars für das Ostland 1943 ff.

1945 bis 1989:

Badstüber, Rolf/Loth, Wilfried (Hrsg.): Wilhelm Pieck. Aufzeichnungen zur Deutschlandpolitik 1945-1953. Berlin 1994

Baudis, Heinrich: Hans Lembkes zweites Arbeitsleben. Enteignet, doch nicht entmutigt. Hrsg. von Norddeutsche Pflanzenzucht Hans-Georg Lembke KG 1998

Kuckuck, Hermann: Wandel und Beständigkeit im Leben eines Pflanzenzüchters. Berlin und Hamburg 1988

Neues Deutschland 15.12.1954, S. 4 „Erhöhung der Wachsamkeit in der Landwirtschaft"

Pätzold, Horst: Nischen im Gras. Ein Leben in zwei Diktaturen. Hamburg 42005 (1997) (Beiträge zur deutschen und europäischen Geschichte Bd. 20)

Darstellungen

Ammer, Thomas/Memmler, Hans-Joachim (Hrsg.): Staatssicherheit in Rostock. Zielgruppen, Methoden, Auflösung. Köln 1991.

Bauerkämper, Arnd: Antinomien der Modernisierung. Die Bodenreform in Mecklenburg 1945 im Kontext der Entwicklung von Agrarwirtschaft und ländlicher Gesellschaft von 1930 bis 1960, in: Frese, Matthias/Prinz, Michael (Hrsg.): Politische Zäsuren und gesellschaftlicher Wandel im 20. Jahrhundert. Paderborn 1996, S. 361-387.

Beyer, Hans: Agrarkrise und Ende der Weimarer Republik. In: ZAA 13 (1965), S. 65-92.

Büttner, Ursula: Weimar. Die überforderte Republik. Stuttgart 2008.

Bundesverband Deutscher Pflanzenzüchter e.V. (Hrsg.): Landwirtschaftliche Pflanzenzüchtung in Deutschland – Geschichte, Gegenwart und Ausblick. Gelsenkirchen-Buer 1987.

Dieckmann, Christoph: Deutsche Besatzungspolitik in Litauen.1941-1944, 2 Bände. Göttingen 2011.

Engelmann, Roger/Joestel, Frank: Die zentrale Auswertungs- und Informationsstelle ZAIG. MfS-Handbuch. Berlin 2009.

Fricke, Karl Wilhelm/Engelmann, Roger: „Konzentrierte Schläge". Staatssicherheitsaktionen und politische Prozesse in der DDR 1953-1956. (Analysen und Dokumente. Wissenschaftliche Reihe des Bundesbeauftragten für die Unterlagen des Staatsicherheitsdienstes der ehemaligen DDR. Band 11). Berlin 1998.

Fricke, Karl Wilhelm: Politik und Justiz in der DDR. Zur Geschichte der politischen Verfolgung 1945-1968. Bericht und Dokumentation. Köln 1979.

Gäde, Helmut: Beiträge zur Geschichte der Pflanzenzüchtung und Saatgutwirtschaft in den fünf neuen Bundesländern Deutschlands. Berlin und Hamburg 1993.

Gieseke, Jens: Die Stasi 1945 – 1990. München ²2011.

Gieseke, Jens: Die hauptamtlichen Mitarbeiter des Ministeriums für Staatssicherheit, in: Anatomie der Staatssicherheit – MfS-Handbuch Band IV, 1. Bonn 1995.

Gilbert, Martin: Endlösung. Die Vertreibung und Vernichtung der Juden. Ein Atlas. Reinbek bei Hamburg 1982.

Grundmann, Friedrich: Agrarpolitik im „Dritten Reich". Anspruch und Wirklichkeit des Reichserbhofgesetzes. Hamburg 1979.

Hanke, Edith/Hübinger, Gangolf: Von der „Tat"-Gemeinde zum „Tat"-Kreis. Die Entwicklung einer Kulturzeitschrift. In: Hübinger, Gangolf (Hg): Versammlungsort moderner Geister. Der Eugen Diederichs-Verlag – Aufbruch ins Jahrhundert der Extreme. München 1996, S. 299-334.

Harwood, Jonathan: Politische Ökonomie der Pflanzenzucht in Deutschland, ca. 1870-1933, in: Heim, Susanne (Hrsg.): Autarkie und Ostexpansion. Pflanzenzucht und Agrarforschung im Nationalsozialismus. Göttingen 2002, S. 14-33.

Heinz, Michael: Agrarwissenschaften des Bezirks Rostock im Stasi-Fokus, in: Thünen-Jahrbuch 8/2013, S. 74-90.

Kowalczuk, Ilko-Sascha: Stasi konkret. Überwachung und Repression in der DDR. München 2013.

Kowalczuk, Ilko-Sascha: 17.6.1953. München 2013.

Kröner, Hans Peter/Toellner, Richard/Weisemann, Karin: Erwin Baur. Naturwissenschaft und Politik. München 1994.

Kuntsche, Siegfried: Bodenreform in einem Kernland des Großgrundbesitzes Mecklenburg-Vorpommern, in: Bauerkämper, Arndt (Hrsg): „Junkerland in Bauernhand"? Durchführung, Auswirkungen und Stellenwert der Bodenreform in der Sowjetischen Besatzungszone. Stuttgart 1996, S. 51-68.

Kuntsche, Siegfried: Demokratische Bodenreform in Mecklenburg-Vorpommern. Versuch einer Neubefragung, in: Kuntsche, Siegfried: Beiträge zur Agrargeschichte der DDR. Rostock 2015, S. 153-195 (Erstdruck 1996).

Kutz, Martin: Kriegserfahrung und Kriegsvorbereitung. Die agrarwirtschaftliche Vorbereitung des Zweiten Weltkrieges in Deutschland vor dem Hintergrund der Weltkrieg I-Erfahrung, in: ZAA 32 (1984) Teil I S. 59-82 und Teil II S. 135-164.

Maddrell, Paul: Im Fadenkreuz der Stasi. Westliche Spionage in der DDR, in: VfZ 2/2013, S. 141-171.

Madajczyk, Czeslaw: Die Okkupationspolitik Nazideutschlands in

Polen 1939-1945. Westdeutsche Ausgabe: Köln 1988 (polnische Ausgabe Warszawa 1970).

Mohr, Jürgen: Der Straftatbestand der „Republikflucht" im Recht der DDR, Diss. Hamburg 1971.

Mooser, Josef: Kommentar zu Bauerkämper in: Frese, Matthias u. Prinz, Michael (Hrsg.): Politische Zäsuren und gesellschaftlicher Wandel im 20. Jahrhundert. Paderborn 1996, S. 389-398.

Münkel, Daniela (Hrsg): Die DDR im Blick der Stasi. Die geheimen Berichte an die SED-Führung.Teil: 1953, bearbeitet von Roger Engelmann, Göttingen 2013.

Neander, Eckart (Hrsg.): Umgesiedelt – Vertrieben: Deutschbalten und Polen 1939-1945 im Warthegau. Beiträge einer Tagung am 16.-18. Oktober 2009 in Poznan, veranstaltet von der Deutsch-Baltischen Gesellschaft e.V. (Darmstadt) und dem Institut Zachodni (Poznan). Marburg 2010.

Neitzel, Sönke/Welzer, Harald: Soldaten. Protokolle vom Kämpfen, Töten und Sterben. Frankfurt am Main 2011.

Niemann, Mario: Mecklenburgischer Großgrundbesitz im Dritten Reich. (Mitteldeutsche Forschungen 116). Köln, Weimar, Wien 2000.

Röbbelen, Gerhard (Hrsg.): Biographisches Lexikon zur Geschichte der Pflanzenzucht. (4 Folgen). Göttingen 2000. 2002, 2004, 2009.
Röbbelen, Gerhard (Hrsg.): Die Entwicklung der Pflanzenzüchtung in Deutschland (1908-2008). 100 Jahre GFP e.V. – eine Dokumentation. Göttingen 2008.

Schattenberg, Gerlinde/Spaar, Dieter: Rudolf Schick, Pflanzenzüchter und Hochschullehrer. Ein biographisches Porträt. ZALF-Bericht Nr. 42. Müncheberg 2000.

Scherstjanoi, Elke: SED-Agrarpolitik unter sowjetischer Kontrolle 1949-1953. Veröffentlichungen zur SBZ-/DDR-Forschung im Institut für Zeitgeschichte. München 2007.

Schöne, Jens: Landwirtschaftliches Genossenschaftswesen und Agrarpolitik in der SBZ/DDR 1945-1950/51. Stuttgart 2000.

Schröder-Lembke, Gertrud: Malchow auf Poel. Geschichte eines Hofes. Hohenlieth bei Eckernförde. Ein Neubeginn. Frankfurt am Main 1978.

Seidler, Franz W.: Das NSKK und die OT im Zweiten Weltkrieg, in: VfZ 32/1984, Heft 4, S. 625-636.

Verse-Herrmann, Angela: Die „Arisierungen" in der Land-und Forstwirtschaft 1938-1942. Stuttgart, 1997.

Volkmann, Hans-Erich: Zwischen Ideologie und Pragmatismus. Zur nationalsozialistischen Wirtschaftspolitik im Reichsgau Wartheland, in: Hauschild, Ulrich/Strobel, Georg W./Wagner, Gerhard (Hrsg): Ostmitteleuropa. Berichte und Forschungen. Stuttgart 1981, S. 422-441.

Wieland, Thomas: „Wir beherrschen den pflanzlichen Organismus besser,..." Wissenschaftliche Pflanzenzüchtung in Deutschland 1889-1945. München 2004.

Abkürzungsverzeichnis

ADAC	Allgemeiner Deutscher Automobilclub
BStU	Die Behörde des Bundesbeauftragten für die Unterlagen des Staatssicherheitsdienstes der ehemaligen DDR
DSG	Deutsche Saatzuchtgesellschaft
EWG	Europäische Wirtschaftsgemeinschaft
GI	Geheimer Informator
GM	Goldmark
IM	Inoffizieller Mitarbeiter
KPD	Kommunistische Partei Deutschlands
KWI	Kaiser-Wilhelm-Institut
NSDAP	Nationalsozialistische Deutsche Arbeiterpartei
NSKK	Nationalsozialistisches Kraftfahrerkorps
OT	Organisation Todt
OV	Operativer Vorgang
RDP	Reichsverband der landwirtschaftlichen Pflanzenzüchter
RM	Reichsmark
SBZ	Sowjetische Besatzungszone
SED	Sozialistische Einheitspartei Deutschlands
SMAD	Sowjetische Militäradministration
SS	Schutzstaffel
ZAA	Zeitschrift für Agrargeschichte und Agrarsoziologie
VEB	Volkseigener Betrieb
VfZ	Vierteljahrshefte für Zeitgeschichte
VP	Volkspolizei (der DDR)
VVB	Vereinigung Volkseigener Betriebe
VVG	Vereinigung Volkseigener Güter